태어나면서부터 말을 잘하는 사람은 존재하지 않는다.
대중 앞에서든 개인적인 자리에서든 우리는 두려움 때문에 말실수를 저지른다.

하버드대학 토론클럽 교수 스테판 포스차드

힘찬 악수, 자신감 넘치는 안부인사가 좋은 첫 인상을 남기는
가장 좋은 방법은 아니다. 연구에 따르면 사람들은 자신감이 넘치는 사람이 아닌
신뢰할 수 있는 사람에게 더욱 적극적인 피드백을 보낸다.

사회심리학자 에이미 커디

끌리는 말투
호감 가는 말투

끌리는 말투
호감 가는 말투

펴낸날 2022년 2월 16일 개정판 1판 1쇄

지은이 리우난
옮긴이 박나영
펴낸이 강유균
편집위원 이라야 남은영
기획·홍보 김아름
교정·교열 이교숙 정아영
경영지원 이안순
디자인 바이텍스트
마케팅 신용천

펴낸곳 리드리드출판(주)
출판등록 1978년 5월 15일(제 13-19호)
주소 경기도 고양시 일산서구 고양대로632번길 60, 207호(일산동, 대우이안)
전화 (02)719-1424
팩스 (02)719-1404
이메일 gangibook@naver.com
홈페이지 www.readlead.kr

ISBN 978-89-7277-358-0 (03320)

* 잘못된 책은 바꾸어 드립니다.
* 책값은 뒤표지에 있습니다.

어떻게 말하느냐가
당신의 운명을 결정한다

끌리는 말투 호감 가는 말투

리우난 지음 · 박나영 옮김

리드리드출판

프롤로그

당신의 말이 예술이 되는 순간

'말하기'란 말을 잘할 수 있는 재능이다. 누구나 할 수 있는 말인데 재능이라니! 여기에 의문을 제기하는 사람이 있다. 하지만 나는 '말하기'는 재능이라고 단언한다. 말하기에 따라 사람의 마음을 움직이는 능력이 발휘되고, 인간관계가 완성되어 사회적 성공을 돕기 때문이다. 그러므로 우리는 타고난 소질을 계발하듯 '말하기' 능력을 습득하고 훈련해야 한다. 말하기가 기술을 뛰어넘어 예술이 되도록!

그 사람이 하는 말에는 그의 종합적인 자질이 반영되어 있다. 환경, 지식, 경험, 교양, 성격 등 겉으로 보이지 않는 면까지 말로 표현된다. 단순히 어휘량이나 지역적 특색의 억양, 전문 용어 사용에 관한 문제가 아니라 인품이나 인성까지 드러나 상대가 당신을 평가하는 기준으로 작용한다. 당신이 이를 원치 않는다고 해서 입을 꾹 다물고 지낼 수는 없다. 사회적 관계나 인간관계가 모두 말로 소통되지 않는가. 수화나 메신저를 이용하는 것도 결국 말(언어)이라는 점을 감안한다면 '말'을 빼고는 관계가 형성될 수 없다.

그래서인지 우리는 말 잘하는 사람의 이야기를 듣기 좋아한다. 그들은 언제나 말로 즐거움을 선물한다. 또, 따뜻한 말을 건네는 사람과 교제하고 싶어진다. 그들의 말에는 배려가 담겨 있어 말에 위로받고 힘을 얻기 때문이다.

진실한 말을 우리는 신뢰하며 기억에 남는 말은 오래 간직한다. 달콤한 말은 친밀감을 주고 현명한 말에는 공감한다.

그래서일까? 말재주가 좋은 사람은 모든 일이 더 순조롭게 풀린다. 반면, 말재주가 좋지 않은 사람은 말실수로 더 쉽게 친구를 잃거나 일을 처리하는 데 어려움을 겪는다.

말의 위력을 알기 때문일까? 아이러니하게도 우리는 말하기를 어려워한다. 정작 의미 있는 말, 주장이나 의견을 말해야 하는 순간에는 말문이 막힌다. 중요한 자리에서 더욱 입이 떨어지지 않는다. 유창하게 잘하고 싶지만 원하는 만큼 잘할 수 없는 게 말이다. 그 원인을 찾아보면 간단하다. 매일 하는 말이지만 상황이 바뀌거나 상대가 달라지면 같은 말도 다르게 표현해야 하기 때문이다.

상황에 따라 해야 할 말과 하지 말아야 할 어휘를 선택해야 한다. 의미를 전달하는 데 있어 더 쉽게 전달되는 방법을 찾아야 한다. 말이 통하는 사람에게는 한두 단어로 뜻깊은 의미가 전달되기도 하지만, 앞뒤 맥락을 모르는 사람에게는 말의 순서와 쉬운 단어의 선택이 필요하다. 같은 어휘라도 앞뒤 문맥에 따라 다른 의미로 표현되는 경우도 있어서 때론 듣는 이의 오해를 부르기도 한다. 어디 그뿐인가. 자기 생각과 다르게 표현된 말이 전달되면서 갈등을 초래하기도 한다. 그로 인해 말을 한 목적은 이룰 수 없고 소통은 단절된다. 행동으로 엄청난 실수를 하지 않더라도 말 한마디로 신뢰가 깨지기도 한다. 그래서 말의 의미가 더욱 중요하고 말솜씨의 기술이 요구되는 것이다.

이렇게 뛰어난 말재주는 타고난 것일까? 아니다. 단련된 능력이다. 뛰어난 입담을 가지려면 말하기의 학습과 실천이 필요하다. 이론만 갖고는 말재주가 좋아지지 않는다. 연습과 훈련을 통해 말하기 능력을 기르고 여러 전략과 기술을 사용해 말하기 수준을 올려야 한다.

그럼 말재주를 단련하기 위해 무엇부터 해야 할까?

사랑에 달콤함을 더하는 말은 어떻게 할까?

어떤 상황에서 어떤 언어를 사용해야 할까?

사람들을 어떻게 설득시킬 수 있을까?

어떻게 표현해야 내 의견이 쉽게 받아들여질까?

어떤 말로 상대의 신뢰를 얻고 사업의 길을 넓힐 수 있을까?

이 질문의 답은 이 책에 있다. 우리가 사회생활에서 직면하는 '말하기' 능력과 관련된 모든 측면을 담았다. 일상 교제, 대화, 감정 교류, 설득, 연설, 토론, 협상, 구직 등 총 8가지 상황으로 구분지어 일상의 사례에 이론과 실천을 결합했다. 이로써 읽기만 해도 실생활에 유용한 '말하기 기술'이 예술의 경지에 이르게 된다.

이 책을 말하기 지침서로 활용하자. 높은 실용성이 단기간에 말하기 고수가 되도록 이끈다. '말'로 더욱 만족스러운 인간관계를 맺고, 직장에서 더 여유를 가지며, 다양한 상황에서 당신의 매력을 드러내게 될 것이다.

당신의 말이 예술이 되는 순간이다.

차례

제3장 감정편
감미로운 말이 사랑을 키운다

제4장 설득편
뛰어난 말재주가 백만 명의 군사보다 낫다

제5장 강연편
대중 앞에서 말하기는 하나의 공연예술이다

제6장 토론편
논리적인 말은 토론의 비밀 무기이다

제7장 협상편

협상 테이블에 올리는 말에 따라 결과가 바뀐다

제8장 면접편

말로 자신을 보여주어야 취업의 문이 열린다

말은 어떻게 해야 하는가? 이는 아주 대답하기 어려운 질문이다.
왜냐하면 말하기는 영원히 배움이 끝나지 않는 과목이기 때문이다.
하지만 그래도 시작점은 분명 존재할 것이다. 그렇지 않은가?

소통전문가 아담 제이콥스

제1장

교제편

끌리는 말은 사람의 마음을 사로잡는다

AN ATTRACTIVE WAY OF SPEAKING

A PLEASING WAY OF SPEAKING

☺

말하는 능력은 인간관계의 성패를 좌우한다. 말에 강한 호소력을 지닌 사람은 각종 사교 장소에서 호감을 높인다. 우호적인 어감으로 친근감을 주며 상대의 마음을 사로잡기 때문이다. 이로 인해 폭넓은 대인관계를 형성하며 원하는 일도 순조롭게 잘 풀어나간다. 신뢰를 주는 말로 사람들의 마음을 얻자. 성공의 첫걸음이다.

영리한 방법으로 거절하자

인간관계는 쉬운 것 같지만 너무 어렵다. 특히 친분이 두터운 사이에서 거절하고 거절당하는 일은 서로를 난처하게 만들고 오해와 갈등의 축이 되곤 한다. 그래서 거절은 난이도가 높은 소통 방식이다. 직설적으로 거절하면 상대를 존중하지 않는 것으로 오해를 사기 쉽다. 거절당한 입장에서는 서운함과 불쾌감을 느껴 관계를 단절하기도 한다. 거절도 어려운데 이런 상황에서는 코너에 몰린 쥐 꼴로 어쩔 수 없이 부탁을 들어준 뒤 후회를 껴안기도 한다.

이런 불상사를 방지하기 위해 교묘하면서도 영리한 말하기 기술인 '완곡한 거절'법을 사용해보자. 상대의 이해를 구하면서 실망과 불쾌감을 최소화하는 방법이다. 어렵게 거절하지만, 마음이 불편하지 않고 상대도 이 거절을 기쁘게 받아들이도록 해준다. 결과적으로 인간관계의 교착 상태를 타개하도록 만든다. 다음 몇 가지 방법을 기억하자.

상대의 부탁 이유를 거절 사유로 전환한다

"이런 일에 경험이 많으신데 이번에는 꼭 도와주세요."

이렇게 부탁하는 상대는 당신의 경험과 능력을 알고 있다. 그래서 당신이 더 부담스러운 것도 사실이다. 그렇지만 부탁을 들어주기 어렵다면 완곡하면서도 정중하게 거절해야 한다.

"물론 도와드리고 싶죠. 제가 이런 일을 해본 적이 있지만, 과거의 경험이 오히려 일종의 속박이 될 수 있을 거 같네요. 필요하시다면, 이 일에 더 적합한 사람을 추천해드릴게요."

이 대답으로 당신은 부탁한 상대를 배려하고 있음을 드러낼 수 있다. 대안까지 제시해줌으로써 해결 방법까지 함께 고민하는 모습을 보여준다. 이에 상대는 오히려 고마움을 느낀다.

다음 기회를 약속하며 거절을 표한다

파티에 초대받았지만 가고 싶지 않을 때면 참 난감하다. 솔직하게 가기 싫다고 말하면 관계가 끊어지고 만다. 가장 현명한 답을 찾아야 한다.

"초청해주셔서 감사합니다. 하지만 오늘 밤은 일이 있어서 참석하기 어렵네요. 다음에 기회가 되면 꼭 참석할게요."

먼저 상대의 초대에 감사를 전하고 연회에 참석하지 못하는 유감을 표명하자. 당신이 말한 '다음'은 아직 기한이 정해지지 않았으므로 완벽한 거절이 된다. "시간이 없어서 참석 못 합니다."라는 직설적인 표현보다 완화되어 상대가 기분 나빠하지 않는다. 상대가 똑똑한 사람이라면 듣자마자 자신을 배려한 완곡한 거절이라는 것을 안다.

상대의 감정을 먼저 읽어준다

부탁을 거절하면 상대에게 상처를 줄 수 있다. 때론 악감정을 불러일으키기도 한다. 그러므로 거절할 때는 완곡하게 진심을 충분히 나타내야 한다. 당신이 그의 심정에 공감하지만 항거할 수 없는 원인으로 도움을 제공하지 못함을 이해시켜야 한다. 그래야만 상대의 불만을 잠재울 수 있다. 한 공항의 매표원이 표를 예약하지 못한 여행객에게 대응하는 방법을 예로 보자.

"고객님께서 지금 비행기에 탑승해야 한다는 것을 잘 알고 있습니다. 저도 도움을 드리고 싶은데 표가 매진되어 다른 방법이 없군요. 정말 죄송합니다. 다음에도 저희 항공사를 이용해주시면 그때는 이보다 더 친절하게 모시겠습니다."

이렇게 대응하면 고객의 감정을 충분히 고려해 성심껏 도와드리고 싶지만 어떻게 할 수 없는 자신의 처지가 표명된다. 더불어 불만을 제기했던 상대의 기분까지 풀어준다.

화제를 돌려 거절을 표한다

언뜻 보아도 제법 통통해보이는 여성이 새 원피스를 샀다. 그녀는 주위 사람들의 반응이 궁금해서 만나는 사람마다 물었다.

"이 원피스 어때요?"

이 말에는 칭찬해달라는 속뜻이 포함되어 있다. 물론 원피스가 그녀의 장점을 살려주고 잘 어울린다면 원하는 대로 칭찬해주면 된다. 하지만 원피스가 그다지 어울리지 않아 선뜻 칭찬이 나오지 않는 경우라도 직설적으로 이야기하지 말자. 굳이 상대의 마음을 상하게 할 필요가 없다. 원피스는 이미 샀고 돌이킬 수 없는 상황이다.

그런데도 그녀가 당신 의견을 구하는 것은 자기 판단을 지지해달라는 메시지가 담겨 있다. 그럴 땐 디자인이나 색, 무늬를 먼저 언급하자. 진실을 말하기 곤란하므로 어물쩍 화제를 돌리는 방법이다.

"이 계절에 참 어울리는 색이네요."

"독특한 무늬가 돋보이네요."

"올여름에는 이런 원피스가 유행인가 봐요. 요즘 TV 프로그램에서 그 원피스 자주 보고 있어요."

물론 이때의 말들은 원피스와 관련되어 있어야 한다. 책이나 물건, 악세서리 등 무엇이든 상대와 연관된 내용이어야 흥미롭게 듣는다. 그리고 칭찬받고 싶다는 마음에서 벗어나 색이나 디자인, 유행과 관련된 대화를 자연스럽게 이어가게 된다. 이렇게 대화를 마친다면 상대는 다시 "이 원피스는 어때요?"라는 질문을 하지 않는다.

동문서답도 통한다

유명한 축구 선수 베일리에게 기자들이 언제 넣은 골이 가장 자랑스러운지 물었다. 베일리는 미소를 지으며 답했다.

"다음 골이요."

이 대답에 우레와 같은 박수가 쏟아져 나왔다. 정말 교묘하고 멋진 답변이다. 동문서답인 듯 보이지만 베일리의 원대한 꿈과 목표를 보여주었다. 우리도 간혹 당혹스러운 질문을 받는다. 곧이곧대로 대답할 수 없어 난처한 상황에 놓인다면 다소 엉뚱한 대답으로 회피하자. 아니면 아주 과장해서 대답하거나 완전히 축소해서 답해도 된다. 상대가 그 대답에 어리둥절하면 질문의 핵심을 몰라서 한 대답이 아니라는 의미로 먼저 웃어주자. 그러면 상대는 자신이 실례를 범했다고 느낀다.

여지를 남겼다가 적절한 타이밍에 거절한다

인간관계의 관점에서 볼 때 거절의 이유는 충분히 설명되어야 한다. 수용자의 심리를 고려해 거절을 받아들일 마음의 준비가 되도록 해주는 것이다. 부탁받는 그 자리에서 단호하게 거절하지 말고, 부탁을 들어주기 어려운 요소들을 충분히 밝히고 생각해보겠다는 여지를 남기자. 추후 적당한 타이밍에 적절한 방식으로 완곡하게 거절하면 된다. 이렇게 하면 상대의 요청이 충족되지 않아도 당신이 부탁을 신중히 생각했다는 믿음을 준다. 그로 인해 상대는 당신을 미워할 수 없다.

어떤 사람이 당신에게 일자리를 구해 달라고 부탁했다. 이런 부탁은 말을 꺼내기도 어렵지만 거절하기도 매우 어렵다. 상대가 무시당한다고 느끼거나 자존감에 상처를 입을 수 있기 때문이다. 일단 최선을 다해보겠다고 말하고 시간을 얻어야 한다. 그 후 차일피일 미루다 보면 상대가 다시 물어온다.

"지난번에 부탁드린 일 어떻게 됐나요?"

이때 최대한 정중하게 거절하자.

"쉽지 않네요. 제 선에서 할 수 있는 일이 아니라서 담당 부서에 부탁드렸어요. 그렇지만 지원자가 너무 많아 공정한 심사를 거쳐야 한다고 하네요. 제 부탁을 받는 사람도 여간 난처해하지 않더라고요. 그래도 다시 말해 볼게요. 하지만 너무 기대하지는 마세요."

이처럼 상대의 부탁에 당신이 어떤 행동을 취했는지 말해주자. 당신이 불편을 감수했음을 그가 알아야 오해하지 않고 서운해하지도 않는다. 당신 선에서 할 수 있는 일에 최선을 다했으며 결과는 당신 몫이 아니라는 의미를 전달해야 한다. 당신은 그의 부탁에 최대의 성의를 보였다. 다시 담당 부서에 부탁한다고 전제하면서 기대하지 말라는 복선까지 깔아놓았으니 그 결과에 당신 책임이 따르지 않는다. 직설적으로 거절하지 않았지만, 추후의 거절을 위해 충분한 준비를 한 것이다. 서로를 위해 이러한 거절 방법은 자연스럽고 순리적이다.

상대의 부탁을 거절할 때 가능한 우호적인 방식으로 표현하고 품격을 잃어서는 안 된다. 어떤 방법으로도 도와줄 수 없다면 도움을 청하는 사람의 어려움에 충분한 이해와 동정을 표해야 옳다. 도와주기 어려운 원인을 솔직하게 설명하고 다른 곳에서 도움을 구할 수 있는 정보를 제공해주면 더욱 좋다.

진심으로 도와주고 싶지만, 당신 능력으로는 역부족이라는 점을 그에게 이해시키자. 비록 도움을 받지 못했지만, 당신이 최선을 다했다고 생각하고 그는 고마움을 느낀다.

루스벨트는 미국 대통령으로 당선되기 전에 해군에서 요직을 맡고 있었다. 어느 날 친구가 카리브해에 있는 섬의 잠수함 기지 건설 계획을 그에게 물었다. 이 계획은 군사기밀이었으므로 루스벨트는 친한 친구라 하더라도 정보를 공유할 수는 없었다. 하지만 직설적으로 거절하면 자신을 믿지 못하는 것이냐며 따지고 들게 분명했다. 자신을 무시한다며 다시는 보지 말자고 선언할 수 있는 상황이었다. 루스벨트는 긴장하는 척하면서 주위를 둘러보았다. 아무도 없음을 확인하고 목소리를 낮추어 말했다.

"비밀 지킬 수 있어?"

친구는 기지 계획을 들을 수 있다는 희망에 큰 소리로 답했다.

"물론이지!"

이에 루스벨트는 미소지으며 대답했다.

"나도 그래."

루스벨트는 친구의 불합리한 요구를 교묘하게 거절하면서 친구의 체면을 지켰다. 그의 대답은 이미 "너도 비밀을 지킬 수 있는데 왜 나는 비밀을 지키지 못하게 하는가? 이것이 공정한가?"라는 의미를 시사했다. 친구는 그의 뜻을 깨닫고 인정했다.

거절에도 그처럼 재치와 위트가 필요하다.

속담이나 격언을 활용하자

속담, 격언, 관용어 및 자주 사용하는 사자성어나 고사성어를 말에 응용하자. 다소 통속적이지만 간단명료해서 이해하기 쉽고 상황에 따라 절묘하게 쓰일 수 있다. 흙에 묻혀 있는 보석은 흙먼지를 씻은 다음에야 빛나는 것처럼 이를 적재적소에 활용하면 그 말의 진가가 발휘된다.

선조의 인생 경험이 담긴 속담과 격언에는 생각을 자극하는 삶의 지혜와 심오한 철학이 숨어 있다. 우리가 대화할 때 적절히 활용하면 말의 설득력을 높이고 활발한 말투로 친화력도 발휘된다. 동시에 상대에게 친근한 인상을 남긴다.

속담을 알고 그 의미를 알자

속담은 문자 뜻 그대로 이해해서는 안 된다. "평소에는 향을 피우지 않고, 급히 부처 다리를 끌어안는다."라는 말은 다급할 때 다른 방법을 구한다는 의미이다. "뼈를 감추고 고기를 드러낸다."라는 말은 속마음을 명료하게 표현하지 않는다는 의미이다. 이렇게 문장에 내재된 의미를 해석해야 한다. 본래의 말과 의미 사이의 거리가 멀기 때문에 그 안에 담긴 뜻을 명확히 이해하고 사용해야 말의 어귀가 맞는다. 그렇지 않으면 엉뚱한 소리를 한다고 오해받을 수 있다.

평소에 고사성어나 속담, 격언, 사자성어와 관련된 콘텐츠나 책을 보면 좋다. 이런 말들은 고리타분하고 나이 든 사람이 쓰는 말, 알아들을 수 없는 말로 오해하기 쉽지만 절대 그렇지 않다. 쉽고 재미있는 비유적 표현이 많아 오히려 철학적이고 해학적 안목을 가진 사람으로 평가받을 수 있다. 또한, 한 문장으로 함축해서 표현하므로 직언보다 순화되고 완화되어 상대가 받아들일 때 기분 나빠하지 않는다. 오히려 상대를 배려하는 말하기 능력으로 보인다.

무리한 인용은 금물이다

속담이나 격언의 사용은 언어 표현력을 높이지만, 대화의 문맥에 적합해야 한다. 특히 속담에 담긴 감정에 주의하여 전체 문장이나 단락을 표현해야 한다. 그렇지 않으면 말의 정확한 뜻이 전달되기 어렵다.

"ㅇㅇ씨는 우리 부서에서 업무 능력이 가장 뛰어납니다. 그는 늙은 소가 망가진 차를 끄는 것처럼 일을 차분하게 완수해 모두를 감탄하게 합니다."

이 말의 본래 의도는 ㅇㅇ씨의 업무 스타일을 칭찬하는 것이다. 하지만 늙었다, 망가진 차라는 부정적인 의미의 단어가 포함되어 있어 비꼬는 말로 들린다. 이 말을 한 사람이 잘못된 인용을 깨닫고 재빨리 사과해도 상대의 불쾌한 기분까지 지울 수는 없다.

이런 말실수는 정치인이나 사회적 지위가 높은 사람들도 흔하게 한다. 의미를 전달하기 급급해 전체적인 문맥을 보지 못하고 성급하게 인용하기 때문이다. 평소 대화할 때도 표현이나 어휘에 주의해야 하지만 특히 속담이나 격언을 인용할 때는 일반적으로 잘 쓰는 말이 아니므로 더욱 주의를 기울여야 한다. 듣는 사람이 이해하지 못하면 오해를 부를 수 있다. 그러므로 쉬운 속담부터 적절하게 사용하자. 대화 상대의 이해도에 따라 사용 여부를 결정해야 한다.

속담은 때와 장소를 가려 인용한다

정보를 교환하거나 보고서를 작성하는 등 진지하고 엄숙한 자리에서는 속담을 사용하지 않는다. 정중한 장소에서도 마찬가지다. 경솔하고 예의 없는 사람이라는 인상을 남길 수 있기 때문이다. 구사하려는 속담이 자신의 가치를 높일 수 있는 역할을 할 때 인용하는 것이 가장 바람직하다. 그러려면 먼저 상황과 때에 적합한 속담을 알아두자.

◆ **백 번 듣는 것이 한 번 보는 것만 못하다.**

여러 번 설명을 듣는 것보다 자신의 눈으로 직접 확인하는 것이 훨씬 정확하고 믿음직하다는 의미다.

◆ **마른천둥만 치고 비는 오지 않는다.**

큰소리만 치고 실천하지 않는 모습을 비유적으로 이르는 말이다.

◆ **계란에서 뼈를 찾다.**

억지로 남의 결점을 들추어내려는 모습을 비유한다.

◆ **대의명분이 옳게 서지 않으면, 말에도 이치가 맞지 않는다.**

자기 지위에 걸맞은 말을 하지 않으면 이치가 맞지 않다는 뜻으로 사용된다.

◆ **눈썹과 수염을 한꺼번에 잡으려고 한다.**

문제를 처리하는 데 경중輕重과 우열優劣을 가리지 않고 한꺼번에 처리하려는 경향을 뜻한다.

◆ **가루는 칠수록 고와지고 말은 할수록 거칠어진다.**

말이 많음을 경계하는 말로, 말하기를 자중하라는 의미이다.

◆ **고자질쟁이가 먼저 죽는다.**

남에게 해를 입히려고 고자질을 하는 사람이 남보다 먼저 해를 입게 된다는 뜻이다.

◆ **내가 할 말을 사돈이 한다.**

자신이 원망해야 할 일인데 오히려 상대가 나를 원망할 때 쓴다.

◆ **물은 깊을수록 소리가 없다.**

학식과 덕이 많은 사람은 시류에 휩쓸리지 않고 진중하게 생각하고 말한다는 의미이다.

◆ **추어탕 먹고 용트림한다.**

사소한 일을 하고선 무슨 큰일이나 한 듯이 으스대거나, 못난 사람이 잘난 체한다는 뜻이다.

◆ **받는 소는 소리치지 않는다.**

일을 능히 처리할 수 있는 역량이 있는 사람은 공연한 큰소리를 치지 않는다는 의미이다.

◆ **소에게 한 말은 소문이 안 나도 처妻에게 한 말은 소문난다.**

아무리 가까운 사이라도 말을 조심하라는 뜻이다.

◆ **'아' 다르고 '어' 다르다.**

같은 내용의 말이라도 말하기 나름으로 사뭇 달라진다는 의미로 쓰인다.

◆ **입찬소리는 무덤 앞에 가서 하라.**

함부로 장담하지 말라는 경고이다. 섣불리 판단하지 말고 신중하라는 의미도 있다.

◆ **혀 아래 도끼 들었다.**

말 때문에 큰 화를 부를 수 있으니 말을 항상 조심하라는 뜻이다.

이외에도 속담이나 격언 등 인용할 문구는 무궁무진하다. 모두 알고 전부 사용한다는 것은 무리겠지만, 정확하게 이해하는 것과 꼭 알아두고 싶은 것을 기억하자. 그것을 상황에 따라 사용하면 남다른 말솜씨의 매력을 발휘할 수 있다.

언어는
마법을 일으킨다

"입에 쓴 약이 병에는 좋다."라는 속담은 누구나 잘 아는 말이다. 그래서 자주 사용하는데 너무 솔직하게 직언한 뒤 이 속담을 덧붙이기도 한다.

"원래 입에 쓴 약이 몸에 좋은 법이잖아. 그러니까 기분 나쁘게 듣지 말고 도움이 되는 말로 새겨들어."

자신의 말이 기분 나쁘게 들리더라도 받아들이라는 뜻이다. 자기가 직설적으로 표현한 말을 합리화시키는 것이다. 애초에 이 속담을 핑계 삼아 말조심하지 않고 듣기 좋은 말로 가미하지 않고, 배려하지도 않는다. 그러나 아무리 진실이고 좋은 의도의 조언이라도, 타인의 아픔을 건드리고 감정을 상하게 해서는 안 된다.

몸에 이로운 충고도 쓴맛 나지 않고 귀에 거슬리지 않게 할 수 있다. 같은 의미이지만 상대를 배려한 말로 바꾸어 이야기하면 오히려 덕담이 된다. 이를 위해 언어의 마법을 활용할 필요가 있다.

먼저 상대의 견해를 긍정하자

언제든 누구나 다른 사람과 의견 차이가 있을 수 있다. 생각이 다르고 살아온 환경이 다르므로 어쩔 수 없는 일이다. 그러므로 절대 단도직입적으로 상대의 의견을 부정하지 말자. 다름을 인정해야 한다. 입장을 바꿔 생각해보고 상대의 의견에 합리적인 부분이 있다면 받아들여야 한다. 그 뒤에 자신의 의견을 제시하자.

"당신이 제기한 의견은 어느 정도 일리가 있어요. 그 부분에서는 저도 동의합니다. 하지만 제가 말한 관점도 나쁘지 않다고 생각해요."

"그렇게 생각할 수도 있군요. 하지만……."

"네가 그렇게 생각하는 줄 몰랐어. 나도 그 부분은 다시 한번 생각해볼게. 하지만……."

이처럼 상대의 말을 긍정한 뒤 자신의 의견을 구체적으로 설명하자. 먼저 상대를 긍정하고 다른 의견을 제시하면 객관적으로 보이고 논리적인 사람으로 보인다. 그렇게 함으로써 당신의 의견을 상대가 경청하고 이해하며 받아들인다.

어떤 의견 충돌이 있을 때 강경하고 직설적으로 말하면 긴장된 분위기만 조성된다. 상대는 난처한 상황에서 밀리지 않기 위해 자신의 의견을 굽히지 않는다. 아예 의견을 들으려고 하지도 않을 거다. 그러므로 당신이 어떤 의견을 전달해야겠다는 의지가 있다면 일단 상대의 말에 동의를 표하자.

상의하는 말투를 쓰자

다른 사람과 의견이 다를 때는 명령적 어조를 사용하면 안 된다. 가능하다면 온화한 말투로 정중하게 제안하자.

"당신의 의견은 그렇지만 제 생각에는 ㅇㅇ으로 해보면 좋을 거 같습니다. 어쩌면 그게 효과가 더 좋지 않을까요?"

상의한다는 것은 상대를 존중하는 표현이다. 당신이 충분한 존중을 보여줄 때 상대도 당신 의견을 고려하고, 상응하는 존중을 보낸다. 예의를 갖추고 대안을 찾자는 의견에 버럭 화를 내거나 강압적으로 자기 의견만 관철하는 사람은 드물다. 만약 그런 사람이 있다면 그는 누구와도 대화가 통하지 않는 사람이다. 막무가내로 상대가 자신의 주장만 고집한다면 그때는 당신도 확고한 어조를 사용하자.

진격을 위해 먼저 퇴각하라

서로 다른 의견으로 대립할 때 전투적인 표현을 쓰지 말자. 곤란하다는 듯 살짝 난처한 표정만 드러내도 된다. 당신이 망설이거나 우물쭈물하는 모습에 상대는 어느 정도 마음의 준비를 한다.

"다른 의견이 있다면 말해보세요. 괜찮아요."

상대가 이 말을 건넨다면 그때 당신의 의견을 말하자. 당신 의견이 조금 과하더라도 상대는 자신이 말하라고 제안했기에 말이 끝날 때까지 거부감을 보이지 못한다.

상대에게 발생 가능한 부작용을 인식하도록 도와준다

상대의 의견을 직설적으로 부정하면 그를 이해시키기 힘들다. 먼저 상대의 의견을 잘 듣고 허점을 찾아야 한다. 그 의견이 가져오는 부정적인 결과를 분석해 제시하면 상대는 할 말을 잃는다. 상대 의견에 논리적 오류가 있다면 이에 반박할 자료를 준비해야 한다. 전문가의 의견이나 통계자료, 사례, 기사 등 사실을 토대로 한 자료가 유용하다. 객관적인 자료일수록 명확한 근거가 되어 상대는 어떤 점에서 자기 의견이 잘못되었는지 알게 된다. 상대가 미처 생각지 못한 반론자료라면 당신에게 더 유리하다.

사례 설명을 통해 자신의 관점을 증명하자

상대에게 다른 의견을 단도직입적으로 말해서는 안 된다. 특히 소통 대상이 선생님이나 상사, 연장자라면 그들의 관점을 직설적으로 부정하는 것은 적절치 않다. 예의에 어긋날 뿐 아니라 권위를 무시하는 인상을 주기 때문이다. 대신 그들도 알 법한 비슷한 유형의 사례를 들려주자.

"다른 사람이 이와 비슷한 일에 부딪힌 것을 제가 보았어요. 그분이 이렇게 처리했는데 결과가 꽤 괜찮았어요. 저희도 그 방법을 참고하면 좋지 않을까 싶네요."

이렇게 타인의 경험을 예로 들어 자신의 관점을 증명하면 좋다. 상대의 체면을 지켜주면서 토론이나 의견 교환의 길을 열어놓는 것이므로 상대가 부정적 견해 없이 받아들일 수 있다. 이러한 소통 방식이 직설적인 언행보다 훨씬 똑똑한 처사이며 효과적이다.

독일 황제 윌리엄 2세가 전문가에게 군함 설계도를 보내 평가를 요청했다. 설계도와 함께 첨부한 편지에서 자신이 얼마나 많은 시간과 노력을 이 군함에 들였는지를 설명했다.

몇 주 후, 윌리엄 2세는 전문가로부터 보고서를 받았다. 이 보고서에는 매우 상세한 분석이 적혀 있었고, 설계도에 대한 극찬으로 시작되었다. 전문가의 평가에 따르면 윌리엄 2세가 설계한 군함은 초고속의 속도를 가졌으며 배치된 무기도 천하무적이었다. 실내 시설은 고급 호텔에 묵는 것처럼 편안하고 화려했다. 여기까지 읽은 윌리엄 2세는 우쭐거렸다. 하지만 보고서 끝 문장은 뜻밖이었다.

“이 세상에 둘도 없는 슈퍼 군함은 단 한 가지 단점을 가지고 있습니다. 물에 들어가면 곧 납덩어리처럼 물밑으로 가라앉을 것입니다.”

이를 보고 윌리엄 2세는 유쾌하게 웃었다.

사실 전문가가 보았을 때 윌리엄 2세의 설계도는 전혀 쓸모없는 종이에 불과했다. 하지만 “폐하, 당신의 설계도는 전혀 실용적이지 않습니다.”라고 직언했더라면 윌리엄 2세는 분노했을 것이 뻔하다. 엉터리 전문가라며 권력을 이용해 그에게 해를 가했을 수도 있다. 그것을 짐작한 이 전문가는 언어의 마법을 활용해 칭찬으로 윌리엄 2세를 만족시킨 뒤 조심스럽게 자기 의견을 표출했다. 우리도 일상에서 이 화법을 이용한다면 말로 인한 갈등을 상당히 줄일 수 있을 것이다.

지적에
달콤함을 가미하라

'지적'은 상대가 자기 결점을 수정하도록 유도하고 지속적인 발전을 이루게 돕는 말이다. 상대가 자신의 결점이나 문제점을 알지 못할 때 혹은 같은 실수를 반복할 때 지적할 수 있다. 하지만 좋은 약은 입에 쓰고, 충직한 말은 귀에 거슬리는 법이다. 마찬가지로 누구도 날카로운 지적을 듣기 좋아하는 사람은 없다. 지적당했다는 것만으로도 불쾌감을 느끼고 불만을 품는다. 지적을 수용하고 잘못을 개선하려는 의지보다 지적한 상대에게 악감정을 키울 수 있다. 그리하여 잘못을 고쳐준다는 목적은 달성되지 못하고 인간관계의 조화만 깨트린다.

하지만 몇 가지 사항만 고려하면 지적에 수반된 부정적인 영향은 충분히 피할 수 있다. 지적하는 날카로운 말에 달콤함을 가미하고 적당히 포장해야 한다. 같은 말이라도 어떤 표현 방식을 사용하느냐에 따라 상대가 다르게 받아들인다. 언중유골言中有骨, 즉 말 속에 뼈를 감추고 있지만 당사자의 기분을 상하지 않도록 말하는 것이 중요하다. 다른 사람을 지적해야 할 경우 다음 사항에 주의하자.

지적은 무딜수록 좋다

지나치게 날카로운 지적은 비난이 된다. 지적받는 당사자의 감정을 상하게 해 이성적인 판단을 흩트려놓는다.

"내가 몇 번이나 말했잖아!"

"왜 같은 실수를 반복해?"

"넌 구제 불능이구나."

"초등학생도 이 정도는 안다."

이렇게 상대를 비하하는 말은 상대의 가슴에 비수로 꽂힌다. 실수로라도 절대 내뱉으면 안 되는 말이다. 상대의 감정선을 건드리면 예기치 않은 상황이 발생할 수 있다. 상대를 위하는 마음으로 한 지적 때문에 어느 순간에 당신은 사회적으로 지탄받는 악인이 되기도 한다. 상대가 너무 절망적인 실수를 했거나 잘못을 반복할 때는 말의 칼날을 무디게 만들자.

"이렇게 했으면 더 나은 결과를 기대할 수 있었을 텐데."

"너도 후회되지? 반성하고 있는 거 알아."

"무슨 일이든 처리하기 전에 여러 경우의 수를 생각해봐야 해."

이런 지적은 받아들이기 쉽고 잘못을 바로잡는 데도 효과적이다.

지적은 간결해야 한다

지적을 장황하게 늘어놓거나 잘못을 반복해서 언급하면 안 된다. 상대를 지적하다 보면 자신도 모르는 사이에 같은 말을 반복하게 된다. 대부분 지적할 사항을 그 자리에서 즉흥적으로 하는 경우 급한 마음에 말이 두서없이 나온다. 지적하는 문제를 설명하다 보면 말이 길어진다. 지적 사항을 강조하다 보면 자신도 모르는 사이 불필요한 말까지 나온다. 그러면 상대는 잔소리로 여긴다. 시비 거는 것으로 오해하기도 한다. 적당한 길이의 지적이 가장 좋다. 한두 마디로 상대를 이해시킨 후 자연스럽게 다른 화제로 옮겨가자.

가능한 한 가벼운 분위기를 조성하여 상대의 마음을 편하게 한 다음 본론으로 들어가면 좋다. 달콤하게 코팅한 지적은 상대로 하여금 더 쉽게 받아들이도록 만든다. 단, 이 경우 주의해야 할 점은 상대에게 달콤하게 코팅한 말만 남도록 해서는 안 된다는 것이다. 칭찬과 지적의 비율을 조절해야 한다. 칭찬을 먼저 말하고 지적을 나중에 언급하자. 칭찬으로 마음이 풀어지고 완화된 상태에서 듣는 조언은 누구나 기분 좋게 받아들일 수 있다. 이것이 조화로운 인간관계를 형성하는 데 도움 된다.

지적은 문제 해결에 목적을 둔다

다른 사람을 지적할 때는 이래라저래라 명령하지 말고 어떻게 해야 옳은지 의견을 제시하자. 그래야만 효과적인 지적이 된다. 상대에게 책임을 추궁하는 것이 아니라 문제 해결이 목적이라는 사실을 이해시켜야 한다. 지적이 이치에 맞아야 상대가 쉽게 납득한다.

사람이라면 누구나 잘못을 저지를 수 있다. 일을 잘못했다고 해서 그가 문제 있는 사람은 아니다. 잘못된 것은 행동과 처신일 뿐 그 사람 자체가 아니다. 따라서 지적할 때는 반드시 잘못된 행위를 대상으로 해야

지 사람을 지적 대상으로 삼아서는 안 된다. 실수가 그 사람의 문제인 양 직격탄을 가하면 상대에게 돌이킬 수 없는 상처를 입힌다. 그러므로 지적하기 전에 스스로 자문하자.

'내가 당사자를 겨냥하고 있는 게 아닌가?'

'내가 잘못된 행동 자체를 소홀히 한 게 아닌가?'

'내가 인신공격하는 건 아닐까?'

일반적으로 지적의 성공 여부는 주로 지적하는 태도에 달려있다. 맹목적으로 다른 사람을 비난하거나 단순히 자신의 견해를 진술하면 상대의 혐오와 불만만 키운다. 개인적인 불만과 감정이 아님을 분명히 밝히자. 문제 해결과 잘못을 바로잡는 방법을 제시하면 지적은 당신이 원하는 효과를 낸다.

어느 학교에서 있었던 일이다. 한 남학생이 진흙 덩어리를 들고 친구를 뒤쫓고 있었다. 그 광경을 본 선생님은 아이를 제지하며 교무실로 오라고 했다. 그 학생은 틀림없이 크게 꾸지람을 들을 것이라 예상했다. 그런데 선생님은 사탕 한 개를 내밀었다.

"이 사탕은 너에게 주는 상이다. 네가 교무실에 제시간에 도착했기 때문이다."

이어서 선생님은 사탕 한 개를 또 그 학생의 손에 놓았다.

"이 두 번째 사탕도 너에게 주는 상이다. 내가 너를 말렸을 때 너는 즉시 행동을 멈추었다. 그것은 네가 나를 존중한다는 의미이기 때문에 칭찬하는 것이다."

학생이 놀라자 선생님은 세 번째 사탕을 꺼냈다.

"내가 조사한 결과, 네가 진흙 덩어리로 학생을 때리려는 이유가 그 소년이 여학생을 괴롭혔기 때문이다. 너는 피해자의 심정을 이해하고 가해자를 응징하려 했다. 그래서 너의 정의로움을 위해 이 상을 주는 거다."

이 말을 듣고 남학생은 감동하여 눈물을 흘리면서 반성했다.

"친구를 때리면 안 되는데 제가 잘못했어요."

이때 선생님은 네 번째 사탕을 건넸다.

"네 잘못을 정확하게 깨달아서 상 하나를 더 주는 거다."

이 선생님은 학생을 꾸짖지 않았다. 사탕 네 개와 온화한 방식으로 스스로 자신의 잘못을 깨닫게 했다. 동시에 네 가지 장점을 발견하도록 유도했다. 이러한 방법은 교육의 목적을 달성할 뿐 아니라 엄격한 지적보다 교육적 효과가 훨씬 크다.

선생님이 단호한 모습으로 학생의 잘잘못을 따졌다면 어떻게 되었을까? 아마도 학생은 반성하지 않고 선생님에게 불만을 키웠을 것이다. 당시 자신은 피해 여학생을 돕기 위해 진흙 덩이를 들고 친구를 쫓았기에 정당한 행위라고 반박했을지 모른다. 그렇게 되면 갈등만 증폭될 뿐 문제는 해결되지 않는다. 이를 잘 아는 선생님은 일방적인 지적의 문제점을 피해 다른 방법을 택했다. 여학생에게 가한 괴롭힘을 폭력이 아닌 방법으로 해결할 수 있다는 것을 몸소 보여준 것이다.

좋은 말이 추위를 녹인다

"좋은 말 한마디는 엄동설한에도 사람을 따스하게 하고, 나쁜 말은 삼복더위에도 사람을 춥게 만든다."

이 말은 언어가 인간관계에서 작용하는 중요한 역할을 보여준다. 저속하고 강한 말은 거부감을 불러일으켜 인간관계를 냉각시키지만, 부드러운 어조는 봄바람처럼 마음을 흔들어 조화롭고 아름다운 관계를 맺게 돕는다는 의미이다. 좋은 언어는 마음의 통로가 되어 굳게 닫힌 마음을 연다. 좋은 말의 사회적 역할은 이외에도 무궁무진하다.

좋은 말은 사랑과 신뢰를 느끼게 한다

신뢰는 당신이 다른 사람에게 주는 최고의 선물이다.

"나는 너의 능력을 믿는다."

"최선을 다하는 네가 멋져 보여."

"네 성실함은 누구도 따라갈 수 없어."

이런 말은 사랑과 신뢰를 얻으려는 상대의 욕구를 생각보다 쉽고 빠르게 충족시킨다. 상대에게 신뢰를 전하면 그는 강력한 에너지를 받아 활력을 충전한다. 말 한마디로 쓰러진 사람이 다시 일어설 힘을 얻고, 추운 밤을 견딜 따뜻함을 얻는다. 낙심한 사람은 희망을 다시 보게 된다. 당신이 먼저 신뢰를 전하는 사람이 되라. 그러면 주변에서도 당신에게 무한한 신뢰를 보낸다.

좋은 말은 모순을 해결하는 약이다

다른 사람이 미안하다고 말할 때 소탈하게 "괜찮아!"라고 답하자. 당신의 관용과 관대함이 돋보이는 기회가 된다.

프랑스의 유명한 작가 빅토르 위고는 "바다보다 넓은 것은 하늘이고, 하늘보다 넓은 것은 인간의 마음이다."라고 말했다. 관용적인 말 한마디가 오해나 분쟁을 해결하는 가장 효과적인 소화기라는 뜻이다. 마찬가지로 당신이 저지른 실수에 대해 상대가 관용을 베푼다면 고마움을 표해야 한다. 상대의 잘못에 대해 '그럴 수도 있지.'라고 이해하기란 말처럼 쉬운 일이 아니다. 그렇기에 예의를 갖춰 고마움을 전해야 한다.

좋은 말은 사람에게 발전의 원동력이 된다

진실한 칭찬은 사람을 발전시키는 원동력이다. 좋은 말 한마디가 상대에게 힘과 용기를 준다. 다른 사람의 장점을 포착하고 적당한 타이밍에 칭찬해주자. 긍정적인 감정과 성취감을 선물하는 격이다. 물론 칭찬은 마음에서 우러나올 때 빛난다. 마음에서 우러난 진정성을 담을수록 그 에너지가 발휘된다. 진실한 칭찬만이 그들의 원동력이 되고, 그들의 마음 깊은 곳에서 긍정적인 감정의 불꽃을 뿜어낸다.

당신의 한마디 칭찬으로 상대는 희망의 빛을 밝히고, 진취적 방향으로 나아가는 것이다.

좋은 말의 출발점은 성실이다

좋은 말 한마디는 따뜻한 온기까지 전한다. 진실한 말을 상대가 고맙게 받는 이유는 그 말에 자신을 존중하는 마음이 담겨 있기 때문이다. 가족과 친구 사이에도 마찬가지다. 그런데 우리는 가족이 돌봐주고, 친구가 도와주는 것을 당연한 일로 여기며 감사하지 않는다. 이런 인식은 옳지 않다. 가까운 가족과 친구에게 전하는 감사는 예의이자 서로 간의 사랑과 우정을 돈독하게 만드는 방법이다.

"당신의 말도 일리가 있어."

"괜찮아."

"고마워."

"진짜 잘했어."

이런 이야기들은 매우 평범하다. 그러기에 쉽게 간과된다. 그 말의 위력이 얼마나 큰지 알려고 하지도 않는다. 이제는 상대에게 힘을 주는 의미에서 그 간단하고 아름다운 말을 자주 건네보자.

상대에 대한 존중, 이해, 격려, 배려, 감사를 담아 수시로 표현하는 것이다. 당신의 말 한마디는 상대의 상한 마음을 위로해주고 자신감을 북돋운다. 더불어 당신을 매력적인 사람으로 만들어준다.

상대에게 뿌듯함을 선물하자

다른 사람을 칭찬할 때는 그가 '가장 칭찬받고 싶어 하는 부분'을 칭찬하자. 이는 대인관계 능력을 월등하게 높이는 데 쓸 수 있는 비책이다. 평소 상대의 일상을 관찰하며 그가 가장 인정받고 싶어 하는 것이 무엇이고 어디인지 살펴보자. 만약 아주 작은 성과나 노력이 보인다면 지체 말고 칭찬하며 그를 응원하자. 당신이 그의 열정을 끌어올린다.

칭찬은 한 번으로 끝내자

한 사람에게 같은 내용을 여러 번 칭찬하면 상대는 당신의 진정성을 의심한다. 같은 내용을 반복해서 칭찬할 때는 칭찬에 사용한 어휘를 바꾸고 가능하다면 다른 각도에서 다른 부분을 칭찬해야 한다. 상대의 외모가 출중하거나 사업에 성공했다는 이유로 주위에서 칭찬을 많이 듣는 사람이라면 그가 발견하지 못한 장점을 찾아내 칭찬해야 효과적이다. 그래야 당신의 남다른 관점이 빛난다.

유머 감각을 키우자

유머는 인간관계를 돈독하게 만든다. 유머러스한 사람은 지혜롭고 매력적으로 느껴진다. 유머러스한 말은 사람들의 스트레스를 덜어주고 부정적인 감정을 누그러뜨린다. 스트레스를 해소해주고 갈등을 완화하는 데도 도움을 준다. 그뿐만 아니라 심각한 상황을 가볍게 풀어낼 수도 있다. 그러므로 우호적인 인간관계를 위해 삶의 조미료 같은 유머를 활용해야 한다.

하지만 무슨 일이든 일정한 분수나 한계를 뜻하는 '정도'가 있다. 유머에도 정도가 있다. 그 상황과 자리에 맞게 사용해야 한다. 그저 우습기만 한 이야기를 제한 없이 표현하면 오히려 상대를 불쾌하게 만들 수 있다. 자신의 재미를 위해 유머를 남발하지 말고 상대와 분위기에 맞춰 유머를 준비하자.

유머도 상대와 장소를 가려야 한다

예의를 지키면서 유머를 구사하면 재치있는 사람이 될 수 있다. 유머를 구사할 때는 듣는 상대와 장소를 반드시 고려해야 한다. 예를 들어 사람들이 집중해서 연구 중인데 갑자기 연구와 전혀 상관없는 농담을 한다면 사람들의 집중력을 흩트려버릴 수 있다. 자주 이런 일이 발생하면 사람들은 당신과 함께 있는 자리를 꺼린다. 자신도 모르는 사이에 피해야 할 사람의 명단에 오른다.

같은 농담도 어떤 친구에게는 할 수 있지만 또 다른 어떤 친구에게는 해서는 안 되는 경우가 있다. 마찬가지로 어느 장소에서는 할 수 있는 유머가 또 다른 어떤 장소에서는 하면 안 되는 경우도 있다. 특히 처음 만난 사람이나 연장자에게는 조심해야 한다. 부적절하게 유머 감각을 발휘하면 의사소통을 가로막고 서로 불편한 감정만 불러오게 된다.

유머와 비웃음의 차이를 구별하자

건전한 유머를 선택하자. 유머로 비웃음을 던지거나 공격적이고 비꼬는 일이 있어서는 안 된다. 남에게 혐오스러운 모습을 보여 이미지를 손상하는 것도 유머가 아니다. 비하와 유머는 분명히 다르다. 유머의 내면적 의미를 이해하고 재치 있게 다른 사람의 단점을 지적하거나 장점을 칭찬해주자. 선의를 품은 유머가 진정한 유머이다.

외모는 유머 소재가 될 수 없다

외모는 개그프로그램이나 일상에서도 유머의 소재가 된다. 그러나 단언컨대 타인의 외모로 장난치는 것은 유머가 아니다. 그를 존중하는 마음이 없고 상대를 배려하지 않는 행동일 뿐이다. 사람들은 흔히 상대의 눈에 띄는 특징으로 별명을 붙이거나 유머의 소재로 삼는다. 뚱뚱하다거나 눈이 작은 경우 거침없이 희화해서 웃음의 재료로 삼는다. 동물에 비유하거나 웃음을 유발하기 위해 모습을 흉내내기도 한다. 이때 유머의 대상이 된 상대는 당황스럽다. 버럭 화를 내면 자신이 더 우스워진다는 점을 알기에 같이 웃어넘기지만, 기분 나쁜 감정은 그대로 남는다. 누구든지 키가 크다는 이유로 휘청거리는 꺽다리가 되고 싶은 사람은 없다.

사회적 기준으로 잘생기지 않았다고, 예쁘지 않다고 웃음거리가 되기를 원하는 사람도 없다. 분위기를 전환시키고 어색함을 풀기 위한 유머라고 말하지만, 외모의 유머 소재는 매우 자극적이고 부정적인 경우가 대부분이다. 이런 유머는 오히려 불쾌감을 유발하고 상대에게 좋은 인상을 남길 수 없다. 이는 가까운 사이일수록 더욱 조심해야 할 사항이다. 유머는 상대에 대한 배려를 바탕에 깔고 접근해야 한다.

자조는
난처한 상황의 돌파구이다

자조自嘲란 웃음을 유발하기 위해 자신의 잘못이나 약점을 드러내어 스스로 깎아내리는 행위를 뜻한다. 유머의 방식 중 하나이며 감정을 조절하는 수단이기도 하다.

자신의 약점을 드러내는 사람은 오히려 자신감이 높은 사람이다. 자조의 유머를 던져도 자신에게 부정적인 영향이 없고 이미지도 손상되지 않는다. 오히려 가벼운 분위기를 조정하고 자신의 친화력과 매력을 높이는 기회이다.

자신의 약점을 적당히 드러내고 스스로 비웃음의 대상도 되어 보자. 대인관계를 조정하는 데 효과적이다. 연설에서 강연자가 계속 진지하게 이야기한다면 청중과 공감대를 형성하기 어렵다. 이럴 때 적당한 자조로 청중의 웃음을 유발하면 강연의 재미를 높일 수 있다. 단, 엄숙한 자리나 비통한 분위기에서는 이 방법을 사용하면 안 된다.

자조는 난처함을 해소한다

어느 순간 인간관계에 난감한 상황이 찾아오기도 한다. 이때 자조로 대처하면 어색한 분위기를 전환시키고 난처한 처지에서 빠져나올 수 있다.

레이건 전 미국 대통령이 캐나다 국빈 방문으로 강연을 할 때 반미 시위를 벌이는 사람들로 인해 연설이 여러 번 끊겼다. 전 캐나다 총리 피에르 트뤼도는 이런 상황이 난감했다. 이를 알아챈 레이건 대통령은 웃으면서 말했다.

"이런 일은 미국에서 자주 발생하는데 누군가가 이 사람들을 미국에서 여기까지 모셔온 게 분명합니다. 그들은 제가 캐나다를 자기 나라처럼 느끼도록 해주고 싶었나 봅니다."

레이건 대통령은 이렇게 말하며 분위기를 가볍게 만들어 어색한 상황에서 벗어났다. 더불어 동행한 캐나다 총리에게도 편안함을 주고 호감까지 샀다.

당신의 실수가 다른 사람의 불만을 불러일으킬 때 자조로 이해받자. 무심코 다른 사람에게 상처 주는 말을 했을 경우, 자조하며 화제를 돌리는 동시에 상대의 적대감을 해소해줘야 한다.

자조는 불공정을 반격하는 무기가 될 수 있다

불공정한 대우를 받거나 부당한 평가를 받았을 때 벌컥 화를 내는 것은 도움이 되지 않는다. 오히려 성격 나쁜 사람으로 매도된다. 이럴 때 자조로 자신의 자존심을 지키면서 불만을 표하자. 자조는 불공정을 반격하는 유용한 무기가 될 수 있다.

그렇지만 자조가 모든 상황을 타개해주지는 않는다. 부적절하게 사용하면 실없는 사람이 되고 허위적인 인상만 남긴다. 과도한 자기 비하로 자존심을 떨어뜨려서는 안 된다.

자조의 소재는 자기 약점에 있다

자신의 약점을 찾아 보여줌으로써 상대의 마음을 편하게 만들어줄 수 있다. 상대가 당신보다 열악한 상황이나 인정받지 못하는 처지에 있다면 이 방법이 유효하다. 상대와 거리감을 좁히고 긴장을 풀어주어 부드럽게 대화하도록 돕는다. 자신을 웃음거리로 삼아 사람들을 미소 짓게 한다면, 그들은 당신이 자조로 배려를 베풀고 격의 없이 소통하려는 사람이라는 것을 알게 된다.

자조는 매력적인 자기 조롱이다

자조할 줄 아는 사람에게는 저항할 수 없는 매력이 있다. 상대가 당신이 가진 지위나 능력의 우수함을 인정하고 존경을 보낸다면 그와 격의 없는 소통을 위해 자조를 아주 강력한 무기로 사용해보자. 매력적인 자조를 구사하기 위해서는 먼저 겸손한 자신감을 가져야 한다. 자신의 약점을 특징으로 드러내면서 그것이 끼치는 영향을 언급하는 것이다.

기량이 매우 뛰어난 미식축구 선수가 인터뷰를 했다.

"대단한 기량을 선보이셨는데요, 언제까지 그런 기량을 발휘할 수 있을까요?"

"저도 제 기량이 뛰어나다는 것을 잘 압니다. 그런데 제게는 아주 치명적인 사실이 있지요. 이 특기는 은퇴 후에 강아지랑 산책할 때나 써먹을 수 있다는 겁니다."

선수는 현재 우러러보는 점이 미래에는 별 쓸모없다는 자조로 자기 실력을 인정하면서 자신을 낮추었다.

괜찮다고 말하는 것은 괜찮지 않다

"뭐든 괜찮아요."라는 말은 상대가 마음대로 해도 좋다는 의미이다. 그래서 개인적 선호나 취향을 물어올 때 "아무거나 다 괜찮다."라고 말한다. 이렇게 해야 예의 바른 표현이라고 생각하는 경향이 있다. 결정을 상대에게 넘겨 상대가 마음대로 할 수 있도록 한다는 의미이며 상대의 어떤 결정이든지 따르겠다는 의사 표현이다. 하지만 상대를 편하게 해 주려는 그 일이 오히려 상대를 난처하게 만들기도 한다. 상대가 당신 몫까지 고민해야 하기 때문이다.

자신의 의견을 드러내자. 괜찮다는 말로 결정을 상대에게 넘기면 당신을 개성과 주관이 없는 사람으로 여길 수 있다.

"뭐든 괜찮다."라는 말은 서로에게 도움되지 않는다

예의와 존중의 의미로 하는 "뭐든 괜찮아요."라는 말은 상대에게 부담을 준다. 그 말을 듣는 순간 상대는 당신이 어떻게 생각하는지, 무엇을 원하는지를 계속 고민해야 한다. 이런 상황에서 진정한 소통이 일어나기란 어렵다. 그러므로 자기 뜻을 솔직하게 표현하자. 그것이 순조롭고 즐거운 상호작용을 형성하는 길이다. 만약 견해 차이가 생긴다면 그때 당신이 양보하면 된다. 어차피 상대의 결정에 따르기로 마음 정하고 당신 의견을 말한 것이니 양보는 쉽다. 반면 상대는 자기 의견에 따라준 당신에게 고마워한다.

"뭐든 괜찮다."라는 말은 문제 해결에 도움이 되지 않는다

타인과 의견 분열이 생길 때 반박하지 않고 "저는 괜찮아요. 마음대로 하세요."라고 대강 얼버무리는가? 이런 일이 반복되다 보면 당신에 대한 부정적인 감정이 확대되고 오해가 생기게 된다. 있으나 마나 한 사람이라는 인식을 심어주며 앞으로 당신의 의견을 참고하려 하지 않는다. 어쩌면 모든 결정에서 당신이 배제될지 모른다.

그러므로 "괜찮다."라고 말할 때는 서두르지 말자. 상황에 따라 의견을 제시하고 의견에 대립이 있을 때는 "그 의견을 생각해볼게요."라고 말하며 신중한 태도를 보이자. 절대로 상대에게 '이 문제'에 관심 없다는 느낌을 주어서는 안 된다. "괜찮다."라는 말보다 다른 방식으로 자신의 의견을 표현하는 것이 대인관계에 좋다.

"뭐든 괜찮다."라는 말이 당신을 주관 없는 사람으로 만든다

누군가 당신의 의견을 물어볼 때 모호하게 답변하면 주관 없는 사람이라는 인상을 남긴다. 특히 직장에서 자기 뜻을 직언하지 못하면 팀에 문제가 되며 업무의 효율성에 저해된다. 그러므로 "뭐든 괜찮다."라는 말보다 "이렇게 하면 더 좋겠다."라는 의견을 표하자. 자신감 넘치는 모습으로 관점과 주관을 가진 사람으로 인정받을 수 있다.

가족이나 친구 관계에서도 마찬가지이다. 편하다는 이유로 사소한 디테일에 신경 쓰지 않고 친하고 잘 알기 때문에 상대의 감정을 고려하지 않는다. 어떻게 말해도, 아무렇게나 행동해도 이해될 것으로 믿기 때문이다. 하지만 매우 친밀한 관계라도 무관심에는 감정이 상한다. 아무거나 다 괜찮다는 말보다 자신의 의견을 명확히 표하고 이를 들어준 사람에게 감사를 표하자. 사랑과 우정을 오래도록 유지하는 방법이다.

사과는
대인관계의 보완 조치이다

누구든지 실수를 범한다. 그 실수는 다른 사람에게 불편과 고통을 주기도 한다. 하지만 체면과 자존심 문제로 먼저 사과하지 않는다. 민망하기에 변명이나 핑계로 일관하는 경우도 많다. 그렇지만 진심으로 사과하면 상대에게 준 피해가 더 커지지 않게 막을 수 있다. 관계의 위기를 기회로 바꾸기도 한다.

사과는 잘못을 시정하겠다는 의지를 보여주는 일이다. 실수를 인정하지 않고 변명으로 모면하려 한다면 잘못을 바로잡는 기회와 상대에게 이해를 구하는 기회를 놓치게 된다. 반대로 체면에 얽매이지 않고 자기 잘못을 성실하게 인정하고 잘못을 바로잡기 위해 노력하면 상대는 당신을 존중한다. 사과하는 일 자체가 쉽지 않다는 사실을 알기 때문이다.

또한 사과는 결렬된 관계를 보완하고 갈등을 해소함으로써 관계가 개선된다. 사과는 인간관계의 슬기로운 보완조치인 것이다. 그러나 사과를 한다고 해서 모든 문제가 해결되지 않는다는 사실도 명심하자. 사과하는 법을 정확하게 알아야만 사과의 효과를 제대로 얻을 수 있다.

사과는 제때 해야 한다

사과하려는 마음이 있다면 바로 행동으로 옮기자. 사과가 늦어질수록 말을 꺼내기가 어렵고 관계 개선도 힘들어진다.

1999년, 코카콜라를 마신 일부 소비자들이 설사 증상을 보였다. 그런데 당시 코카콜라 회사는 즉시 응대하지 않았다. 그러다 일주일 만에 언론을 통해 회사 책임자가 공개사과를 했다. 그 일주일 동안 회사에 부정적인 영향은 엄청나게 확대되었다. 회사 영업에 큰 타격을 준 책임자는 결국 이직할 수밖에 없었다. 즉시 소비자에게 사과했다면 회사와 책임자 모두 피해 보지 않을 수 있는 일이었다.

사과에 '성의'가 충만해야 한다

사과는 변명을 위한 수단이 아니다. 다른 사람의 용서를 사취하는 수단도 아니다. 성의 없는 사과는 상대의 양해와 동정을 잃는다.

어느 영국 회사가 고객의 동의도 없이 서비스 수준을 '기본값'으로 바꿔 만 명의 고객들에게 추가 비용을 부담시켰다. 그로 인해 고객의 불만이 커지자 회사는 "불편을 끼쳐 드려 죄송합니다."라는 한마디로 무마하려 했다. 이러한 사과는 결국 더 큰 불만을 불러일으켰고 회사의 신용은 급락했다.

고객들은 형식적인 사과로 위기를 모면하려 한 회사의 의도를 알아챘다. 사과는 잘못했음을 인정하고 반성한다는 의미인데 그들은 사태를 해결하는 데 급급했다. 일단 '사과'라는 형식으로 문제를 덮으려 한 것이다. 사과는 문제의 핵심을 파악하고 상대의 입장에서 느끼는 피해의식에 공감해야 한다. 상한 감정을 위로해주도록 진정성을 담아야 한다. 그 사과를 상대방이 받아들일 때 완전해진다.

진심이 담긴 사과가 아니면 상대는 받아들이지 않는다. 진심으로 자신의 실수를 인정하고 마음에서 우러나온 사과로 상대의 양해를 구해야 한다.

사과는 책임을 포괄한다

만약 잘못을 저질렀다면 그에 상응한 책임을 져야 한다. 그 책임의식을 사과에 반영해 실수를 반성하고 책임지는 모습으로 사과하자. 같은 실수가 두 번 일어나지 않을 거라는 믿음을 심어줘야 한다. 실수에 책임을 지겠다는 의지가 실린다면 매우 효과적인 사과가 된다.

진정 어린 사과는 개인의 명예와 인간관계를 회복시킨다. 그러기 위해 올바른 사과 태도가 필요하다. 내키지 않는 마음으로 한 사과는 도발적 의미로 보인다. 그러나 잘못이 없는데도 분쟁을 피하려고 사과하면 안 된다. 사과도 떳떳하게 해야 한다. 유감과 사과의 차이를 분명히 가려 선택해야 사태를 덜 복잡하게 만든다.

사과할 때 쓰는 말투는 따로 있다

사과의 말은 다양하다. "미안해, 잘못했어, 용서해줘, 그런 뜻이 아니야." 등등 사과의 의미가 담긴 말들은 많다. 그런데 이 사과의 말을 어떻게 말하느냐에 따라 그 의미가 달라진다.

"미안해. 그렇지만 고작 20분밖에 늦지 않았잖아. 차가 어찌나 밀리는지 다른 방법이 없었어. 나는 최선을 다한 거야."

"지금 미안하다고 하는데 그렇게 화낼 필요는 없잖아."

"그래. 내가 잘못했다고 쳐."

이런 사과는 오히려 화난 상대의 감정에 부채질하는 격이다. 상대의 기분을 풀어주기는커녕 비난 섞인 말투로 상대가 잘못하고 있다는 질책으로 보인다. 그 결과 화해할 길이 막혀버린다. 진정한 마음을 담아 사과의 말투만 바꿔도 상황은 당신에게 유리해진다.

"미안해. 내가 늦었지? 기다리느라 정말 힘들었겠다."

"네가 지금 얼마나 화가 날지 잘 알아. 정말 미안해."

"모든 이유를 떠나서 그렇게 한 건 내 잘못이야."

억지로 사과한다는 느낌이 들지 않도록 최대한 정중하게 말하자. 문제의 크고 작음을 막론하고 용서받지 못할 일은 없다.

과도한 기대탓일 경우엔 사과하지 마라

다른 사람의 기대에 부응하지 못했을 때 사과하기란 자신에게 참 잔혹한 일이다. 상대의 일방적인 기대를 자신이 바라지 않았고 오히려 부담으로 느끼지만 관계 유지를 위해 사과해야 하기 때문이다. 그들은 일관되게 말한다.

"내가 너를 얼마나 믿었는데."

"넌 해낼 줄 알았는데."

"이렇게 실망을 안겨주다니."

모두 자기가 건 기대에 미치지 못한 당신에게 원망을 쏟아낸다. 그렇지만 그들의 걱정과 실망, 염려는 당신이 유발하지 않았다. 그들의 기대조차 당신이 부탁한 게 아니다. 이런 상황에서는 무조건 사과하지 말자.

"기대가 그렇게 크신 줄 몰랐어요. 제 나름대로 계획이 있어요."

"그 일을 해냈으면 좋았겠지만, 최선을 다했기에 아쉬움은 없습니다."

"믿어주셔서 감사합니다. 다시 도전해볼게요."

기대를 겸허하게 받아들이되 당당함은 잃지 말자.

상대방이 말을 하고 싶어 하기만 하면 당신은 어떤 정보라도 얻을 수 있다.
하지만 어떤 사람들은 이런 정보를 캐치할 줄을 모른다는 것이 문제다.

심리학자 플랜더스 댄

제2장

대화편

말하는 기술을 익히면 대화가 즐겁다

AN ATTRACTIVE WAY OF SPEAKING

A PLEASING WAY OF SPEAKING

대화에도 기술이 필요하다. 누군가와 이야기를 나누는 것은 일상생활에서 피할 수 없다. 사람이 사회적 동물이라는 근거도 여기서 출발한다. 관계 맺음 속 대화는 그래서 더 중요하다. 그러나 안타깝게도 대화에 서툴러 대인관계의 한계에 부딪히기도 한다. 잘하고 싶지만 마음대로 안 되는 것 또한 대화이다. 단순히 말하기가 아닌 소통의 발단이 되는 대화법을 익혀보자.

칭찬은
사람 마음에 스민다

누구나 칭찬받는 것을 좋아한다. 칭찬은 한 사람의 잠재력과 지혜를 자극하여 그에 걸맞게 행동하도록 유도한다. 특히 좌절을 겪고 곤경에 빠진 사람에게 칭찬은 어둠의 빛처럼 희망이 된다. 그의 생활을 바꿔줄 수도 있다. 한마디의 칭찬으로 상대에게 즐거움을 주고 조화로운 인간관계를 형성할 수 있으므로 칭찬하는 법을 배우자.

칭찬은 제때 해야 한다

상대가 좋은 일을 했거나 능력이 성장했을 때 칭찬과 격려를 아끼지 말자. 상대가 최대의 성취감을 느끼도록 의욕을 북돋우면 그는 다음 단계로 도약한다. 그러나 사회적 지위가 높은 사람들은 제때 칭찬하는 것을 어려워한다. 그들은 평소에 다른 사람의 존경과 치하를 받는 일에 익숙해져 있어서, 다른 이들을 칭찬하는 경우가 드물다. 하지만 그들이 진정으로 칭찬하는 법을 배워야 한다. 그들이 하는 칭찬은 어리고 부족한 사람이 성장하는 데 매우 큰 영향을 끼치기 때문이다. 강한 동기를 부여하고 더 큰 성장을 추진하며 서로의 관계를 발전시켜 주는 원동력이 된다.

칭찬이 꼭 거창해야 하는 것은 아니다. 적절한 착안점을 찾아 칭찬해주면 마음에 깊이 파고든다. 친구 집에 손님으로 가면 그 집 요리 솜씨가 뛰어나다고 칭찬할 수 있다. 그러면 친구는 노동 성과를 인정받았다는 생각에 준비하는 동안 느낀 피로가 사라진다. 덩달아 당신에 대한 호감도는 높아진다. 이 모든 것이 한마디의 칭찬에서 비롯된다.

칭찬에 성의를 담아 현실적으로 표현하자. 다른 사람을 감동시키고 격려의 효과를 발휘하는 효과를 낸다. 허위적이고 과장된 칭찬은 아부이다. 이러한 칭찬은 효과가 없을 뿐더러 오히려 거부감을 부른다.

칭찬하는 것도 적당해야 한다

칭찬도 남용해서는 안 된다. 과도한 칭찬은 사람을 자만에 빠지게 만든다. 적당한 칭찬을 하려면 상대의 장점을 긍정적으로 평가해주고 부족함에 대해서는 신중하게 평가해야 한다. 약간의 허점이 있는 혁신적인 아이디어라면 부족한 부분을 지적하고 뒤이어 격려해주면 좋은 성과로 이어진다.

상대가 어떤 일을 완성했을 때 그저 대단하다고 큰 소리로 떠들지 말자. 그 일이 얼마나 어려운 것인지 알아주는 것이 더 낫다. 힘든 일이었지만 그가 어려움을 극복해서 완성한 사실을 열심히 설명하는 것 자체가 충분한 칭찬이다. 성과만 보고 칭찬하는 것보다 누구도 알아주지 않는 힘든 과정을 이겨낸 상황을 부각해준다면 상대는 당신에게 감동받는다.

보이지 않는 곳에서도 칭찬하자

상대 앞에서 칭찬하는 것과 뒤에서 칭찬하는 것은 다른 느낌을 준다. 보이지 않는 곳에서 칭찬하면 어떤 이익을 취하려는 목적이 아니기에 평범한 말 한마디가 더욱 진실하게 느껴진다. 만약 자신이 없는 자리에서 칭찬받은 사실을 상대가 알게 된다면 더욱 감동한다. 공개적인 장소에서 하는 칭찬보다 당사자가 없는 곳에서 하는 칭찬의 위력이 더 세다.

칭찬은 욕구를 충족시킨다

사람에게는 생리적 욕구, 안전의 욕구, 애정과 소속의 욕구, 존경의 욕구, 자아실현의 욕구가 있다. 애정과 소속의 욕구는 우정과 사랑 대인관계의 욕구이다. 혼자 살아갈 수 없기에 다른 이들의 관심이 필요하며 존재의 가치를 인정받고 싶어 한다. 칭찬이 이런 심리적 욕구를 채워줄 수 있다. 칭찬은 빛과 같아서 사람을 발전시킨다. 그러므로 상대를 볼 때 질책할 문제를 찾지 말고 칭찬할 이유를 찾자. 당신의 신뢰도를 높이는 방법이다.

여지를
남겨라

말이 지나치면 상식에 어긋나고, 너무 절대적이면 반감을 부른다. 앞뒤가 맞지 않으면 약점이 되고, 너무 직설적이면 상대를 격분시켜 갈등을 일으킨다. 이런 행동을 솔직한 표현이라고 간주하는 사람이 있다. 물론 정직한 인상을 줄지도 모르지만, 관계가 이어질수록 솔직하기보다 단순한 사람, 말하는 법을 모르는 사람으로 치부되기 쉽다.

'솔직'한 사람은 자기가 하고 싶은 말이면 장소와 상황을 가리지 않고 직설적으로 표현한다. 그래서 자기도 모르는 사이에 남에게 상처를 주고 인간관계에서 적을 만든다. 그들은 외부 환경으로 쉽게 분노하고 자신의 감정을 숨기지 못한다. 때로는 여러 사람을 난처하게 만들고 자신 또한 곤란한 상황에 처한다. 이는 잘못된 말하기이다. 솔직한 표현에는 이성과 지혜가 따라야 한다.

대통령이 되기 전에 윌슨 대통령이 한 연회에 참석했을 때 일화다. 개최자는 그를 지지하는 마음을 담아 '미래의 미국 대통령'이라고 소개했다. 윌슨은 이 경솔한 발언을 듣고 마음이 불편했지만 직설적으로 표현하기 어려웠다. 그는 발언 기회를 잡자 즉흥 연설을 했다.

"캐나다에 낚시하는 여행객들이 있었습니다. 그중 한 명은 존이었지요. 존은 술을 매우 좋아했습니다. 그날 따라 독한 술을 너무 많이 마신 존은 만취했습니다. 존은 동료들과 북상하는 기차를 타고 돌아가야 했는데 혼자서 남하하는 기차를 탔습니다. 존의 동료는 남하하는 열차의 차장에게 연락해 술에 취한 존을 북상하는 기차로 보내달라고 했지요. 얼마 지나지 않아 차장의 회답이 돌아왔습니다. '본 열차에는 술에 취한 승객이 12명이나 있습니다. 그들은 술에 취해 자신의 이름도 모르고 목적지도 모른다고 합니다.'"

이야기를 잠시 끊은 윌슨은 연회에 참석한 사람들과 눈을 마주쳤다.

"저는 윌슨입니다. 저는 제 이름을 알고 있지만 제 미래의 목적지가 어디인지는 연회 주인만큼 정확히 알고 있지 않습니다."

윌슨은 이야기를 인용해서 연회 개최자의 부적절한 발언을 보완했다. 대통령 당선에 대한 불확실성을 표하면서 겸손한 모습까지 보여주었다. 그 자리에 참석한 사람들은 불안해하는 윌슨에게 확실한 한 표를 행사하기로 했다.

먼저 말을 건네고 대화를 리드하자

낯선 사람과 이야기할 때는 용기가 필요한 일이다. 상대가 먼저 말을 걸어온다면 당황되고 왠지 모르게 위축된다. 그렇다고 자신이 먼저 말을 건네자니 무슨 말을 어떻게 꺼내야 할지 난감하다. 그래서 머뭇거리다 기회를 놓치기도 한다. 낯선 사람과 대화를 나누고 싶다면 긍정적인 심리로 상대가 당신에게 호감을 느끼도록 우호적 눈빛을 보내자.

어색할수록 느긋하게 대처하자

부탁을 거절하자 상대가 입을 다물어버리거나, 즐겁게 잡담을 하다가 부주의로 상대의 마음에 상처를 입히면 대화가 끊어지고 어색함이 감돈다. 이때 어색함을 풀고 분위기를 전환하기 위해 아무 말이나 하면 오히려 상황을 악화시킬 수 있다. 상황을 정리하고 분위기를 전환하기 위해서는 숨 고를 시간이 필요하다. 상대가 먼저 입을 열기를 기다려도 좋다. 그의 말에 맞춰 반응한다면 진솔한 대화를 이어나갈 수 있다. 만약 계속 긴장이 유지된다면 잠깐 자리를 피하는 방법도 좋다. 화장실에 다녀온다든지, 전화하고 오겠다며 그 자리를 잠시 비우는 것이다. 다시 돌아와서는 새로운 화제로 대화를 이끌 수 있다. 물론 자신이 실수했다면 자신의 처지나 상황을 진심으로 이해를 구하고 사과하는 것이 먼저이다.

인사가
대화의 물꼬를 튼다

다른 사람과 인사하는 법을 제대로 알면 대인관계가 순조롭게 진행된다. 그렇지 않으면 친해지기 어려운 사람, 열정이 없는 사람, 노력하지 않는 사람이라는 부정적 꼬리표가 당신에게 붙는다. 당신이 노력하지 않는다는 말이 아니다. 미움 살만한 일을 저질렀다는 의미도 아니다. 단지, 인사의 어려움을 겪고 말을 건네지 못했을 뿐이다. 하지만 상대는 이런 사정을 감안하지 않는다. 당신의 내면까지 깊숙이 터놓을 수 없기에 겉으로 보이는 모습대로 판단한다. 당신을 호의적인 사람, 의욕이 넘치고 활기찬 사람이라는 이미지를 심어주려면 먼저 인사부터 하자. “안녕하세요.”라는 이 한마디로 대화의 물꼬를 트고 상대의 관심을 끌 수 있다.

언제 인사할까 고민하지 말자

인사는 눈을 마주침과 동시에 해야 한다. 먼저 인사를 건넸을 때 상대가 회피하거나 모른 척하면 혼자서 창피하고 민망할까 봐 인사를 주저하는 사람이 있다. 그러나 인사하지 않고 후회하는 것보다 인사하고 당당한 게 낫다. 다음에 만났을 때 그 상황을 이야기하면 상대가 오히려 미안함을 느끼고 사과한다. 인사는 상대에게 폐를 끼치는 게 아니다. 길에서 우연히 만난 지인에게 망설이지 말고 손을 흔들어 아는 척하거나 눈인사를 나누자. 그 인사로 당신이 나에게 무척 중요한 사람이라는 인상을 심어준다. 만나서 기쁘다는 마음을 효과적으로 전달하면 된다.

인사에 관심을 담아라

사회생활에서 다른 사람들과의 접촉은 불가피한 일이다. 다른 사람과 막힘없이 소통하는 데에는 인사가 중요한 역할을 한다. 인사를 건넬 때 웃는 표정으로 상대의 눈을 바라보며 기쁜 감정을 전달하자. 상대의 이름을 부르거나 지위를 말하고 상황에 부합하는 인사말을 건네면 좋다. 여기에 유쾌한 발성으로 유효한 피드백을 전하는 어조를 사용하면 금상첨화이다. 매일 만나는 사람이라면 날씨나 일상과 관련된 인사를 건네자. 달라진 모습이 있다면 그것을 알아챘을 때 바로 칭찬을 곁들여 인사를 건네면 좋다. 그러면 아무리 무표정한 사람이라도 기분 좋게 웃는다.

연습하면 인사 실력도 는다

안 되는 일을 할 때 연습보다 빠른 길은 없다. 인사도 마찬가지다. 인사 건네기가 어렵고 입을 떼기가 안 된다면 연습만이 답이다. 가족에게 먼저 인사해보자. 매일 보는 사람이니까 매일 다른 인사말을 건네는 연습을 할 수 있다. 이것도 어렵다면 매일 들르는 편의점이나 식당 사람들, 또는 매일 마주치는 경비원이나 대중교통 기사에게 먼저 인사하는 방법을 쓰자. "안녕하세요."라든가 "감사합니다."라는 정도만 해도 된다.

인사는 당신의 인상, 사람들과의 관계, 교류와 협력에 유용하게 작용한다. 하지만 인사를 나누지 않으면 당신이 그에게 혹은 그 일에 전혀 관심이 없다는 오해를 산다. 이런 선입견을 주기 싫다면 당신이 변화해야 한다. 가볍게 "좋은 날입니다."라는 한마디면 충분하다.

자주 만날수록 인사가 중요하다

회사 동료나 이웃은 의도하지 않아도 자주 만나게 된다. 얼굴만 아는 정도인데 인사를 하려니 어색하고 안 하고 지나치자니 찜찜하다. 이름을 아는 것도 아니고 자신의 일과 연관된 사람도 아니며 도움받을 일도 없다는 이유로 인사하는 걸 어색해한다. 하지만 간단한 목례나 눈인사, 짧은 인사말을 아끼지 말자. 인사를 받고 불쾌하게 느끼는 사람은 없다.

짧은 인사말을 익혀두는 것도 좋겠다. 날씨에 관한 인사가 가장 기본이다. "눈이 오네요.", "매우 덥네요.", "벌써 여름이죠?" 등등 그날의 날씨를 짧게 언급하면 특별한 의미가 담긴 말은 아니지만 인사말로 충분하다. 다음으로 상대의 행동을 읽어주면 된다. "바쁘신 것 같아요.", "어디 가세요?", "커피향이 좋네요.", "이제 돌아오세요?" 등도 특별한 감정을 싣지 않고 인사할 수 있는 말들이다. 이렇게 인사하면 서로 부담도 없고 눈인사 정도로 대응해도 된다. 자주 만나는 사람이 어느 순간 당신에게 중요한 인물이 될 수 있음을 기억하자.

목소리 관리는
필수다

목소리는 그 사람의 명함이다. 진실한 감정이 담아 희로애락喜怒哀樂을 전달하기 때문이다. 대화 상대의 목소리가 듣기 좋으면 계속 이야기를 나누고 싶다. 반대로 목소리가 둔하고 단조로우면 언어의 매력이 떨어져 긴 대화가 피곤하게 느껴진다. 그러므로 말하는 목소리에 더 많은 관심을 기울여야 한다.

목소리는 타고나는 것도 있지만, 훈련으로 발성 방법을 바꾸면 목소리도 변한다. 물론 목소리 개선이 쉬운 일은 아니다. 긴 과정을 거쳐야 한다. 타고난 목소리를 완전히 바꿀 수도 없다. 하지만 목소리 톤의 조정이나 말의 빠르기를 연습하면 변화가 온다. 여기서 발성할 때 특별히 주의할 몇 가지 원칙을 소개하겠다.

말하는 어조에 주의해라

어조는 감정, 태도, 성격 등을 반영한다. 즐겁고, 분노하고, 초조하고, 두려워할 때 어조는 우리의 내면세계를 그대로 드러낸다. 그러므로 상대에게 자신의 감정을 내보이고 싶지 않다면 말할 때 리듬이나 억양에 신경을 쓰자.

목소리가 차갑고 적대적인 느낌을 주어서는 안 된다. 열정과 성의를 전달하는 말투가 좋다. 당신이 다른 사람을 위로하거나 그가 당신의 의견을 받아들이도록 설득할 때는 부드럽지만 신념이 담긴 말투가 좋다. 반면 정보를 전달하고 싶거나 사람을 격려하여 상황을 발전시키고자 할 때는 강하고 힘이 들어간 톤이 좋다. 이때 목소리가 너무 부드러우면 말의 효과가 떨어진다.

발음을 정확하게 하자

정확한 발음은 자기 생각을 명확하게 전달해준다. 발음이 뚜렷하면 말이 더 잘 들리고 더 쉽게 이해된다. 발음이 모호하면 자신이 표현하고자 하는 뜻을 제대로 전달되지 못해 소통이 정상적으로 되지 않는다. 당신의 말을 듣기 위해 늘 귀를 예민하게 기울여야 한다면 상대의 신경도 예민해진다. 만약 자신의 목소리를 녹음해서 들어보고 발음에 문제가 있다면 소리 내어 책 읽기 등을 통해 정확한 발음을 연습하는 게 좋다.

음량을 조절하라

음량이 부족하면 말이 무기력하게 들린다. 이러한 말투는 상대로 하여금 대화의 흥미를 잃게 한다. 손을 배에 올려놓고 복부의 힘으로 손을 밖으로 밀어내는 복식호흡을 연습하자. 음량을 높이는 데에 도움이 된다. 다만 음량이 크다고 무조건 좋은 것도 아니다. 특히 공공장소에서 음량이 지나치게 높으면 예의에 어긋난다. 상황에 따라 적당한 음량으로 발성하자.

음량을 높여야 하는 경우는 대중을 향해 말할 때, 주위에 소음이 있을 때, 중요한 정보를 전달할 때, 상대가 어떤 행동을 취하게끔 격려할 때, 다른 사람의 주의를 끌고 싶을 때이다. 이런 상황에서는 목소리를 키워 주목받아야 한다. 반면 음량을 낮춰야 할 때는 조용한 환경에 있을 때, 사적인 비밀을 이야기할 때, 상대를 위로하거나 설득할 때이다. 공공장소나 사람이 많은 대중시설에서도 음량을 줄여야 한다. 다른 사람들에게 피해를 주기 때문이다.

말하는 속도를 조절하라

말하는 속도도 의미 전달에 영향을 준다. 빠른 속도로 많은 메시지를 전달하면 상대가 그 뜻을 이해하기 어렵다. 복잡한 상황을 이야기하려면 말을 적당히 늦추고 상대가 내용을 정확하게 알도록 천천히 말해야 한다. 그러나 말하는 속도가 너무 느릴 경우 상대가 인내심을 잃을 수도 있다. 그러므로 말의 속도를 적절히 조절해야 한다.

말이 느린 사람과 대화를 하면 그 말에 신경을 집중해야 해서 쉽게 피로해진다. 사고의 전환 속도보다 말의 속도가 느리면 갑갑함을 느끼고 답답한 사람이라는 인상을 줄 수 있다. 말에 집중하지 않으면 내용도 이해할 수 없게 되므로 대화를 이어가기 어렵다.

반대로 말이 너무 빨라도 문제다. 정보가 순식간에 튀어나와 듣는 사람의 기를 죽이거나 정신을 혼미하게 만든다. 말이 너무 빠른 사람은 일부 발음을 건너뛰어 말의 강도나 음량, 음의 높낮이를 조절하지 못해 전하는 내용의 핵심을 상대가 알아듣지 못한다.

말의 속도는 그 사람의 성격과 관련 있다. 사고방식, 행동표현, 생활환경도 반영되어 습관처럼 고착되었기 때문에 쉽게 고쳐지지 않는다. 하지만 평소 말이 너무 빠르다는 지적을 받거나 너무 느리다는 조언을 듣는다면 연습을 통해 적당한 말의 속도를 찾아야 한다.

듣는 사람을 고려하자

말은 듣는 사람이 있을 때 그 효력이 발휘한다. 듣는 사람이 누구냐에 따라 어휘선택, 말의 수준, 발성, 억양, 강약을 조절해야 한다. 일방적인 발언은 흐르는 물과 같아서 듣는 사람에게 어떠한 영향력도 발휘하지 못한다. 오히려 잘난 척한다거나 두서없는 사람, 횡설수설하는 사람으로 보일 수 있다. 듣는 사람에게 맞춰 말의 수준을 결정하고 전하고 싶은 내용에 집중하여 말의 리듬을 살려야 한다.

강조하려는 부분과 상대가 주의를 기울였으면 하는 부분에서는 잠시 쉬자. 악센트를 높이며 숨을 돌려도 좋다. 상대가 집중력을 높였을 때 다시 말을 시작하면 설득력을 높이는 데 효과를 낸다.

당신의 목소리는 상상하는 것보다 큰 마력을 가지고 있다. 목표 설정에 따라 맞는 방법으로 조절할 수 있다면 당신이 원하는 대화 환경을 조성할 수 있다. 듣는 이는 자연스럽게 심리적 방어막을 스스로 허물고 당신 말을 경청할 것이다.

매력적으로
말하자

즐겁게 대화하려면 화제를 잘 선택해 상대의 흥미를 끌어야 한다. 그래야만 당신의 이야기가 상대에게 제대로 전달되어 원하는 목적을 이루게 된다. 매력적으로 말하려면 다음과 같은 사항을 주의하자.

상대가 자랑스러워하는 소재를 언급하라. 모든 사람은 자신의 장점을 드러내 관심받기를 좋아한다. 그런 화제를 선택하면 상대의 심리적 욕구가 충족되면서 더욱 즐거운 대화를 나눌 수 있다.

당신이 잘 알고 익숙한 전문분야를 이야기하라. 상대의 관심을 더 쉽게 끌 수 있다. 듣는 사람에게 영감을 주는 일이기도 하다.

대화할 때 자연스럽고 평화로운 표정을 지어라. 대화의 분위기가 부드러워지고 상대는 편안함을 느낀다. 누구나 온화하고 유순한 사람과 이야기하기를 좋아하고 친근감을 느끼려 한다.

미소는 조화로운 관계를 형성하는 비법이다. 미소는 사람들 간의 거리를 좁히고 유쾌한 분위기를 만든다. 미소 짓는 표정으로 나눈 대화는 상대에게 즐거운 기억으로 남는다.

대화할 때 우물쭈물하고 위축된 자세를 보이지 마라. 상대가 불편함을 느낀다. 대화에 몰입하지 못하고 한시라도 빨리 자리를 뜨고 싶어 한다. 그로 인해 자신의 능력이 과소평가될 수 있다.

말을 너무 빠르게 하지 마라. 말하는 속도가 너무 빠르면 경박한 느낌을 줄 수 있다. 또한, 상대를 이해하기 어렵게 만들어 대화의 지루함을 불러온다.

말할 때 목소리 톤이 너무 높지 않게 하라. 말하는 목소리가 너무 크면 교양이 부족한 이미지를 남긴다. 공공장소에서 특히 주의가 필요하다.

말할 때 억양이 들어가면 말투가 훨씬 다채롭고 생생하게 표현된다. 그로 인해 청중의 눈과 귀를 사로잡을 수 있다.

대화할 때 상대의 눈을 주시하라. 진지하게 대화하는 모습을 보여주면 상대의 경청을 유도하고 주의력을 높이는 데 도움이 된다.

대화를 나눌 때 두리번거리지 마라. 이는 당신 마음이 대화에 있지 않다는 모습이다. 상대를 기분 나쁘게 할 수 있다.

어느 대형 신문사에 편집장 교체가 빈번해 내부 분위기가 매우 불안정했을 뿐만 아니라 사내 여러 제도 역시 매우 불합리했다. 취재용 차를 연차가 많은 기자만 이용할 수 있었다. 수습기자는 한 대의 차량에 모두 타고 단체로 나가 취재해야 했다. 이러한 제도 때문에 기자들의 불만이 많았다.

새로 취임한 편집장은 이러한 상황을 알고 전체 직원회의를 개최하였다. 하지만 직원들은 새로 취임한 편집장도 이 문제를 해결할 수 없을 것으로 여겼다. 그래서 누구도 취재 차량 개선에 대해 언급하지 않았다. 편집장은 회의를 마칠 즈음 이렇게 말했다.

"저도 예전에 여러분과 마찬가지로 기자였습니다. 기자라는 직업이 사람들이 생각한 것만큼 굉장하지 않고 오히려 고생이 많다는 것을 저도 직접 경험했습니다. 그래서 여러분을 너무나도 이해합니다. 오늘부터 저는 실습하러 온 신참 인턴들과 함께 차를 타고 단체로 나가 취재할 것입니다. 취재 차를 이용하지 못하는 직원도 있다고 들었습니다. 다시 이런 일이 일어나지 않도록 여러분께 보장합니다. 대신 여러분이 불편을 느끼는 사항이나 불만인 점을 언제든 말해주셨으면 좋겠습니다. 모두 가만히 있으면 나쁜 제도가 바뀌지 않지요. 누군가 현실을 직시하게 만들어야 합니다. 그게 당신이기를 바랍니다."

이에 그 자리에 있던 기자들은 환호를 보냈다. 새로 취임한 편집장은 기자들의 가장 큰 관심사의 화제로 단번에 모든 사람의 흥미를 끌어냈다. 그는 자신의 경험과 직원의 이익에서 출발해 공감대를 형성하고 함께 동고동락할 의향을 보임으로써 원활한 소통의 길을 열었다. 이것이 말이 가진 힘이다.

말하기 전에 편견부터 버려라

어떤 부분에 나쁜 선입견이 있다면 소통의 길을 가로막는 장애물이다. 주위의 능력 있는 사람을 살펴보면 그들은 열린 마음으로 편안하게 말한다는 사실을 발견하게 된다. 어떤 일에서든지 여러 각도로 생각할 능력을 갖추고 있기에 일희일비하지 않는다. 가시적인 장점에 현혹되지도 않는다. 직·간접적으로 경험이 풍부한 그들은 어떠한 문제나 어려움을 만나더라도 항상 해결할 방법이 있다는 점을 알기에 긴장하지 않고 예민하게 일의 시비를 따지지 않는다.

당신이 가진 선입견이나 편견이 있다면 떠올려보자. 그것을 주제로 대화할 때 어떤 방향으로 말하는지 살펴보면 분명히 대화가 한 방향으로 기울어져 있다는 사실을 발견하게 될 것이다. 당신의 성장과 발전을 위해 사람과 일에 대한 편견을 버리고 객관적인 시각을 유지하자. 잘못된 선입견이 대화의 방향을 한쪽으로 치우치게 만들어 일을 그르치는 것을 미리 방지해야 한다.

대화는 주고받아야 한다

대화는 심리적으로 평등할 때 자연스럽게 이어진다. 말하는 권리가 보장될 때 자기 생각이나 의견, 주장을 자연스럽게 선보일 수 있다. 상대가 압박하거나 강요하는 상황에서는 일방적인 수용만 있을 뿐이지 대화가 아니다. 대화는 생각을 말로 주고받는 행위이다. 누구도 당신의 권리를 압제할 수 없다. 물론 연장자나 상사에게는 존중을 표해야 맞다. 그러나 심리적으로 주눅 들거나 위축된다면 평등한 권리를 가지지 못한다. 자신이 심사숙고한 문제에 대해 누군가와 대화할 때는 자신을 믿고 당당하게 입장을 전하자.

타인의
입을 빌려 물어라

특정한 정보를 알아보려 할 때 상대에게 직접 물어보기 어려운 경우가 많다. 입을 열기 힘든 이유가 다양하겠지만 이럴 때 타인의 입을 빌려 질문을 해보자. 가족, 친구, 상사, 동료, 심지어 낯선 사람도 당신이 필요한 답을 얻을 수 있도록 돕는다. 다른 사람의 신분을 빌려 질문하면 상대도 강한 목적성을 느끼지 않아 더 쉽고 솔직하게 답을 알려주게 된다.

하지만 다른 사람의 신분을 빌려 질문하는 방법에는 노하우가 필요하다. 자칫 이 방법을 사용하다가 상대가 진실을 알게 되면 오해와 갈등의 요인이 되기 때문이다. 이를 잘 활용하도록 다음 방법을 시도해보자.

'모두'의 입으로 묻다

신분이 특별한 인사에게 직접 하는 질문이 실례가 된다면 더 광범위하고 모호한 '모두'의 개념을 사용할 수 있다.

"다들 알고 싶은 것은……."

"저희에게 말씀해주시겠습니까?"

이렇게 모두가 궁금하기에 물어본다는 느낌을 주는 것이다. 개인보다 사회적 의미가 큰 '모두'를 빌려 질문할 때는 대중이 보편적으로 관심 갖는 문제에 적합하다.

'상급자'의 입으로 묻다

상사의 지시만 잘 따르는 사람이 있다. 그런 사람에게 직접 묻는다면 거절당할 확률이 높다. 이때 상사의 명의를 빌리자. 동료의 업무 진도를 알아야 하는데 동료가 전형적으로 약한 사람을 업신여기고 강한 사람을 두려워하는 성격이면, 상사가 업무 진도를 알고 싶어 한다고 물어봐야 진지한 답을 들을 수 있다. 설령 그가 질문에 내키지 않아도 지위의 압력으로 인해 솔직하게 대답할 수밖에 없다.

'관련 없는 사람'의 입으로 묻다

직접 질문하는 것이 불편할 경우 문제와 아무 관련 없는 사람의 입으로 물어볼 수 있다. 예를 들어 건강이나 인간관계를 문의할 때 친구 대신 물어본다고 말할 수 있다. 이러한 방식은 질문자의 심리적 부담감을 줄이면서 궁금한 문제를 자연스럽게 묻는 방법이다.

비서가 사장과 함께 출장 온 지 6일째이다. 그런데도 업무와 관련된 협상은 아직 끝나지 않았다. 비서는 협상의 진행을 파악하고 다음 스케

줄을 준비하기 위해 일정을 확인하고자 했으나 사장에게 직접 묻기가 어려웠다. 그래서 비서는 호텔의 입을 빌리기로 했다.

"사장님, 호텔 측에서 비행기 표 예약 서비스를 제공한다는 연락이 왔습니다. 예약이 필요한지 물었는데 어떻게 대답해야 할까요?"

이에 사장은 모레 티켓을 예약하라고 했다. 답을 얻은 비서는 다음 스케줄을 준비했다.

가족의 입을 빌리자

휴가 일정을 잡거나 연차나 월차 일정을 조정할 때 구성원 간 어려움이 있다. 날짜가 겹쳐 양보해야 하는 경우도 생긴다. 특히 상사나 선배를 제치고 먼저 일정을 잡아야 할 때 난처해진다. 이때는 가족의 이름을 빌려 질문해보자.

"이번 휴가에 어머니랑 가족 여행을 간다고 해요. 휴가 일정을 언제로 잡아야 할까요?"

"남편이 제 휴가 기간을 묻네요. 자기가 거기에 맞춘다고요. 그날 제가 휴가를 잡아도 될까요?"

가족의 입을 빌려 질문하면 정중하면서도 자신의 의도가 아니라 어쩔 수 없는 상황이 되었다는 것을 간접적으로 전달하게 된다. 배려를 이끌기에도 좋다. 단, 너무 자주 가족의 입을 빌리면 안 된다.

질문에는
대단한 효능이 들어 있다

질문은 몰라서만 하는 게 아니다. 문제의 해결 방법과 지식과 정보를 다른 사람에게서 빠르게 찾고 싶을 때 이용한다. 질문과 대답은 대화에서 중요한 부분이다. 좋은 질문은 질문하는 사람과 대답하는 사람 모두에게 유용하다. 다른 관점에서 보면 질문도 말하기 능력을 증명하는 요소이다. 효과적으로 대화하는 사람은 끊임없이 질문할 기회를 찾고 이를 통해 상대를 격려하며 창의력을 계발하고 문제를 해결한다.

질문으로 관심을 드러내자

질문을 많이 하면 상대의 말하기 욕구를 높일 수 있다. 당신은 대답을 통해 상대를 더 잘 이해하게 된다. 하지만 상대가 말하고 싶지 않은 부분의 질문은 실례가 되며 지극히 개인적인 질문은 상대를 불쾌하게 만든다. 상대의 불행을 떠올리는 질문도 나쁜 질문에 해당한다.

예의를 지키고 대화를 즐겁게 이어가고 싶다면 상대의 감정을 변화시키거나 즐거움을 증가시키는 질문이 좋다. 전문적인 대답을 원한다면 전문적으로 질문해야 하고 자세한 대답을 원한다면 구체적으로 질문해야 한다. 긍정적인 질문은 즐거운 대답을 유도한다.

질문도 점검하자

스스로 충분히 해결할 수 있는 문제를 질문하면 상대는 짜증이 난다. 손 안 대고 코 푸는 격으로 누군가 해결해주기를 바라는 의존적 유형의 사람이라고 판단하는 것이다. 따라서 질문하기 전에 꼭 해야 하는 질문인지, 이 질문이 상대에게 적절한지, 대화의 주제와 관련 있는지 살펴야 한다. 미리 질문을 준비하는 경우라면 다음의 경우를 점검하자.

* 질문을 인터넷에 미리 검색해보았는가?
* 많은 자료나 설명서를 보았지만 답을 찾지 못했는가?
* 이 질문이 사적인 비밀에 해당하지는 않는가?
* 상식적인 질문이라 당연한 결과를 묻는 것인가?

좋은 질문은 따로 있다

긍정적인 질문은 긍정적인 대답을 이끌어낸다. 상대에게 좋은 감정을 불러일으켜 대화에 유쾌함을 선물하고 당신의 호감까지 높일 수 있다. 반면 부정적인 질문은 기억하기 싫은 부분을 상기시키는 결과를 초래한다. 따라서 질문의 성질을 분별하는 능력을 길러야 한다.

"몸이 얼마나 아팠어요?"

이 질문에 그는 아팠던 기억을 떠올려야 한다.

"몸이 잘 회복되고 있죠?"

이렇게 묻는다면 치유되고 있는 상태를 연상하기에 완치의 희망을 보도록 하는 질문이다.

다음 몇 가지 예를 보자.

* 일이 빨리 처리되지 않아 답답하시죠? ⇒ 일이 다 처리되려면 며칠 남았나요?
* 새로 따신 자격증이 꼭 필요한가요? ⇒ 그 자격증은 어디에 쓸 수 있나요?
* 왜 하필 그곳으로 여행가시죠? ⇒ 그곳에서 어떤 추억을 만들고 싶으세요?

앞의 질문은 부정적이라 대답하는 상대의 기분이 좋아질 수 없다. 뒤의 질문은 긍정적이라 상대의 마음에 열정과 의욕을 갖게 만든다. 같은 문제를 어떻게 질문하느냐에 따라 상대의 감정을 좌우할 수 있다. 당신이 받고 싶은 질문은 어떤 유형인가? 그것을 먼저 떠올리고 당신이 하는 질문에 반영하라.

상대가 말하고 싶은 것을 질문하자

질문에는 답이 돌아온다. "오늘 하루 어땠어요?"라고 물으면 "아주 좋았어요. 당신은요?"라고 되묻는 경우이다. 이는 '대화의 반등 효과'이다. 특정한 질문에 상대는 무의식적으로 당신에게 동일한 질문을 하게 된다. 이를 기억한다면 당신이 노출하고 싶은 내용을 질문하자. 당신에게 되돌아오는 질문에 답을 하면서 자연스럽게 전하고 싶은 말을 할 기회를 얻는다. 예를 들어 당신의 직업을 말하고 싶다면 먼저 묻자.

"실례지만 어떤 일을 하시나요?"

"저는 이런 일을 하고 있습니다. 당신은요?"

상대는 답변하고 이 질문을 되돌려 당신에게 똑같이 질문한다. 그 때 당신이 대답하면서 직업을 자연스럽게 노출하면 된다. 마찬가지로 상대가 이런 질문을 해온다면 당신도 반문해주자. 상대가 말하고 싶어 하는 것이니 그에게 그 기회를 주는 게 옳다.

말을
잘 들어야 한다

말을 재치 있게 잘하는 사람이 인간관계에서 인기가 많다고 생각할지 모르지만, 사실 경청에 능한 사람이 신뢰와 호감을 얻는다. 말 잘하는 사람은 재능을 남김없이 드러내며 자신을 과시하고 많은 이야기를 하느라 실언할 가능성도 크다. 경청은 이러한 실수를 미연에 방지한다. 그뿐만 아니라 주의 깊게 듣는 모습으로 겸손하고 진중하게 배우는 자세를 가진 사람이라는 인상을 준다. 경청하면 미성숙한 논평도 줄이게 되므로 불필요한 오해를 피할 수 있다.

미국 남북전쟁 때 북부군이 곤경에 빠지면서 링컨은 압박을 받았다. 링컨은 친구 한 명을 백악관에 초청해 몇 시간 동안 이야기를 나누었다. 추후 친구의 말에 따르면 당시 링컨은 혼자서 쉬지 않고 계속 말을 했으며, 덕분에 마음이 훨씬 가벼워져 보였다고 했다. 당시 곤경에 처했던 링컨은 다른 사람의 조언이 필요했던 게 아니라 자기 하소연을 들어주고 공감해주는 청자가 필요했던 것이다.

잘 듣는 것으로 상대의 호감을 산다

경청은 말하는 사람의 스트레스를 덜어주고 생각을 정리하게 돕는다. 상대의 말을 조용히 경청해주는 것은 존중과 동정심을 표하는 행위이며 인간관계를 효과적으로 유지하는 방법이다. 갈등과 오해를 해결하는 방법이기도 하다.

인간의 본성은 자기의 이야기를 하고 자신에 관한 이야기를 듣는 것도 좋아한다. 그러므로 대화의 고수가 되고 싶다면 먼저 상대의 말에 귀를 기울이자.

다른 사람의 관심을 받고 싶다면 당신이 먼저 다른 사람에게 관심을 가져야 한다. 상대가 원하는 질문을 하고, 상대의 성과를 소재로 이끌어야 한다. 즉, 상대방으로 하여금 그 자신을 선보일 기회를 주는 것이다.

경청만 하라는 의미가 아니다. 지혜로운 자는 경청하며 수시로 질문을 던져 상대가 더 많은 이야기를 하도록 격려하고 적극적으로 대화에 참여한다. 경청하고 있다는 표시도 자주 보여야 한다. 상대의 말을 끊지 않고 고개를 끄덕이거나 의견에 동의한다고 간단한 표시를 해주자. 상대의 눈을 바라보면서 이야기에 집중하고 매우 진지하게 듣고 있다는 눈 맞춤을 해주면 상대는 감동한다. 대화의 소재나 주제와 관련된 질문으로 상대가 말을 이어나가도록 하는 것도 좋은 방법이다.

대화를 시작할 때 상대가 자신을 좋아하게 하려면 먼저 그의 이야기를 잘 듣는 것이 중요하다는 점을 기억하고 대화에 임하자.

정화는 회사의 인사팀 담당 책임자이다. 그녀는 영업부 매니저와 이야기를 나누다 매니저가 회사를 떠나고 싶어 한다는 걸 알았다. 회사는 영업부를 매우 중시해왔다. 매니저 양성을 위해 많은 투자와 복지도 아끼지 않았다. 하지만 매니저는 회사를 떠나려는 이유를 밝히지 않았다. 그녀는 이 상황에서 화를 내면 아무 도움이 되지 않는다는 것을 알고 있었다. 그녀는 마음속의 불만을 자제하며 매니저와 대화를 시도했다. 침착하고 친근하게 회사의 바람과 회사에 남게 되었을 때 이득을 정리해주었다.

그럼에도 매니저는 업무와 관련된 불만을 토했다. 정화는 이야기를 끝까지 들어준 뒤 그의 입장에서 문제를 분석해주었다. 그녀의 진정어린 걱정을 안 매니저는 천천히 마음의 문을 열어 가족 문제를 이야기했다. 매니저는 회사를 떠나겠다는 생각이 충동적인 결정이라고 인정하며 이성적이지 못했던 행동을 사과했다. 진심으로 감사의 뜻도 표했다. 상대의 이야기를 경청하고 문제의 원인을 찾은 정화가 매니저의 신뢰를 얻었기에 가능한 일이었다.

말하는 사람에게 집중하자

의식적으로 상대의 말을 듣지 않거나 무시해서는 안 된다. 상대가 겉으로는 드러내지 않지만 속으로는 당신에게 불만을 품고 신뢰하지 못할 사람으로 단정한다. 만약 상대가 “지금 내 말 듣고 있나요?”라고 묻는다면 그의 머릿속에는 당신에 대한 의심이 가득 차 있는 상태이다. 무성의하게 듣는 당신의 태도에 의구심이 가지고 있다는 의미인 것이다. 이때는 바로 자세를 고친다든지 “그럼요. 지금 말씀하신 내용이 이러이러한 거잖아요."라고 확인시켜주는 것이 좋다. 그렇게 하면 상대가 오히려 미안해한다.

발언하는 사람은 누구나 자신의 말이 중요하게 여겨지고 영향력이 발휘되기를 원한다. 상대의 말을 집중해서 들으며 의문이 드는 내용은 질문하고 공감하는 말에 호응해주자. 그래야만 그가 당신 말을 잘 들어준다.

듣기 수준을 높이자

성공한 사람들은 다른 사람으로부터 배우고 그들을 이해하려는 동기로 경청에 임한다. 대화의 내용을 이미지로 떠올리고 기억하며 듣는 과정에서 생기는 오류를 최소화한다. 그뿐 아니라 잘 들어주며 좋은 인상을 남기고 최상의 효과를 얻는 교류를 성사시킨다.

만약 당신이 상대의 말을 듣고 있지만 의미 파악이 안 된다면 자신의 듣기 능력에 경각심을 가져야 한다. 말을 듣는 과정에서 개인의 필요, 편견, 경험, 목적에 따라 내용이 왜곡될 수 있다. 진정한 대화를 나누고 싶다면 자신이 적극적으로 듣고 있는지 살펴볼 필요가 있다. 다음은 하버드 언어학자 스티븐 핑거가 제시한 듣기 유형이다.

◆ 듣는 둥 마는 둥 하는 유형

상대의 말에 "음, 음.", "그렇구나.", "아~."라고 호응하는 사람들이다. 그들은 다른 사람의 말에 전혀 관심과 감흥이 없다는 점을 아주 명확히 드러낸다. 정신이 다른 곳에 팔린 것처럼 대화 내용에 집중하지 않고 딴 생각을 한다. 그들은 듣는 동시에 신문을 보거나 핸드폰을 만진다. 이런 사람들은 말하는 사람을 곤란하게 만들거나 분노하게 할 가능성이 아주 크다.

◆ 그냥 듣는 유형

소설가 마크 트웨인이 "대부분의 대화는 증언으로서의 독백이다."라고 말한 것과 같은 맥락이다. 이 유형은 듣는 동시에 언제든지 상대의 말에 대답할 준비를 한다. 그로 인해 빠른 피드백을 할 수는 있지만 심사숙고하지 않아 깊이가 없다. 감정 소모를 지나치게 많이 하는 대화가 이어질 뿐이다. 그로 인해 상대는 자신을 지치게 하는 이 대화를 빨리 끝내고 싶어 한다.

◆ 자세히 듣는 유형

어떤 일을 발전시키거나 완성 또는 진행하기 위해 듣는 것이다. 말을 듣고 난 후에 자신이 내놓은 해결 방안이 합리적이라면 옳은 방법의 듣기겠지만, 상대를 설득하지 못한다면 당신의 듣는 방식은 인정받지 못한다.

◆ 마음을 다해 듣는 유형

사람 중심의 듣기이다. 말하는 상대의 마음속 생각을 듣고 말에 담긴 뜻을 파악해 진심으로 들어준다. 말로 표현된 것보다 상대를 잘 이해하게 되어 조화로운 관계로 이어진다.

듣기 수준을 올리는 일은 간단하지 않다. 듣기를 통해 무언가를 배우고 있다는 사실에 유념해야 한다. 상대의 말을 듣기 전에 이 대화가 당신에게 어떤 의미가 있는지, 당신은 어떤 이미지를 남겨야 하는지, 대화의 주제는 무엇인지 먼저 생각해보자. 대화에 임하는 당신의 자세가 달라질 것이다.

먼저 판단하기보다 잘 듣고 난 뒤 판단하자

대화하기 전에 우리는 상대를 먼저 판단한다. 처음 만난 사람이든 여러 차례 만난 사람이든 자신의 눈에 보이는 대로 상대를 자기 기준에서 '이 사람은 어떤 사람'이라고 단정한다. 한쪽으로 치우친 편견을 적용하는 것이다. 그러나 이러한 선입견과 편견을 가지고는 절대 상대의 말에 경청할 수 없다. 앞에서 아무리 잘 듣는 척해도 돌아서면 무슨 말을 했는지 기억나지 않는다.

선입견과 편견을 내려놓고 대화하면 비로소 그 대화의 핵심이 들린다. 어떠한 판단 기준에 맞추지 않기에 객관적인 입장을 취할 수 있다. 비록 자신의 견해와 다른 의견이 나오더라도 어느 부분에서 차이가 나는지 알게 된다. 그런 경우라도 공격적으로 대응하지 말고 먼저 상대의 의견에 공감한 뒤, 자신의 의견을 말하자. 신중한 당신의 모습에 상대는 설득당한다.

적절한
표현 방식을 택하자

말투가 친절하고 어조가 부드러우면 대화의 상대가 즐거움을 느낀다. 그러므로 개인의 교양 수준을 높이고 말하는 어조와 말투에 주의해야 한다. 상대에게 존칭을 사용하여 존중을 표하고 호감을 얻기 위해 부정적인 단어보다 긍정적인 단어를 선택하자.

어떤 만남이 즐겁지 않다면 잘못된 말하기 방식이 초래한 문제다. 자신의 대화 방식이 상대를 불쾌하게 만들었거나 심지어 공격적이라는 사실을 인지하지 못해 발생한 것이다. 갈등과 불화가 생겼던 대화 과정을 돌이켜보면 자신의 말투 때문에 분명 상대가 기분 상하거나 곱지 않은 시선으로 변했다는 사실을 알아챌 수 있다. 이로 인해 대화를 이어가지 못하고 불편한 자리가 되었으며 관계에도 좋지 못한 영향을 끼친 것이다.

대화를 잘한다는 것은 말하기를 유창하게 한다는 의미가 아니다. 부드러운 말투로 대화의 리듬을 조율한다는 것이다. 상대의 감정을 건드는 말을 삼가고 지지를 얻을 수 있는 말로 조화를 이룰 때 서로 만족하는 대화가 이루어진다.

말하는 타이밍을 파악하자

말의 내용도 중요하지만 말하는 타이밍도 중요하다. 일방적인 것은 소통이 아니다. 말을 할 때는 대상, 시간, 주변 환경 등 여러 요인이 고려되어야 한다. 대화 상대의 심정을 고려하지 않고 주변 분위기에 신경 쓰지 않으면 말을 실수하게 된다. 상대가 반감 갖고 불만을 터트리는 이유를 제공하는 것이다.

자신의 말이 오해를 불러올 수 있다고 판단되면 대화의 흐름을 타면서 말할 포인트를 찾자. 한번 말할 기회를 놓치면 적절한 타이밍을 다시 찾기가 어렵다.

대화 대상에 따라 말의 내용을 결정하자

대화를 나눌 때는 상대에게 익숙한 주제와 언어로 이야기해야 한다. 대화 대상에 따라 구체적인 상황을 파악하고 융통성 있게 말해야 한다. 예를 들어 지위가 높은 사람과 이야기할 때는 존경심을 갖고 비굴하지 않으면서 거만하지 않게 상대해야 한다. 지위가 낮은 사람과 대화를 할 때는 가벼워 보이지 않도록 조심해야 한다. 어르신과 이야기를 나눌 때는 겸손하게 상대가 흥미를 느끼는 화제를 택하는 것이 중요하다. 아이들과 이야기 나눌 때는 온화하고 사랑과 동심을 표해야 한다. 대화 대상의 사회적 환경과 문화 배경을 고려해 그의 직업 특성, 취미와 성격 등을 파악하면 더 좋다.

비유를 재치 있게 활용하자

아인슈타인이 상대성이론을 발표했을 때 이를 이해하는 사람이 거의 없었다. 이에 아인슈타인에게 상대성이론을 쉽고 간단한 말로 설명해달라고 요청했다.

"당신이 가장 사랑하는 사람과 함께 난로 옆에 앉아 있다면 한 시간이 지났어도 오 분이 지난 것처럼 시간이 빠를 것입니다. 하지만 당신이 혼자서 뜨거운 난로 옆에 앉아 있다면 불과 오 분의 시간이 마치 한 시간처럼 느껴질 것입니다. 이것이 바로 상대성이론입니다."

아인슈타인은 사람들이 익숙한 일상 체험으로 심오한 이론을 이해하기 쉽게 설명했다. 이는 비유의 방법을 잘 활용한 예시이다.

대화의 기승전결을 배우자

일상적인 대화는 자유로운 형식으로 진행되며 특별한 중심 없이 이루어지는 경우가 많다. 하지만 일상적인 대화라 할지라도 기승전결로 구성된 시작점과 고조되는 부분과 결말은 있다. 꼭 형식에 맞춰야 하는 것은 아니지만 어색한 자리나 낯선 사람과 만남에서 이를 적용하면 힘들지 않게 대화를 끌어갈 수 있다.

◆대화의 네 가지 흐름

기 : 안부 묻기

승 : 화제 꺼내기, 정보 교환

전 : 화제나 정보의 의견

결 : 마무리

자유로운 대화에는 특별한 규칙이 없다. 이야기하고 싶은 화제부터 시작하여 서로 알고 있는 이야기를 나누면 된다. 다만 앞서 말한 대화의 네 가지 흐름은 각 방면에 대한 소식까지 교환하며 대화의 즐거움을 더하는 방법이다. 이를 기억하고 있으면 편안하고 부드러운 대화에 유익하다. 당신과의 대화에서 상대가 즐거움을 얻는다면 그는 언제든 당신과 대화 나눌 수 있기를 고대한다.

말하기도
연습해야 한다

타고난 연설가는 없다. 유명한 연설가도 첫 연설은 대부분 실패로 끝났다. 그들이 실패를 이겨내고 놀라운 성공을 거둔 비결은 실패에 용감하게 직면하고 꾸준히 열심히 연습했기 때문이다. 유용한 방법을 알고 부지런히 연습하면 분명 말을 잘하게 된다. 말을 잘하게 되는 그 효과적인 방법을 알아보자.

목적이 분명해야 말에 내용이 담긴다

대화의 목적은 다양하다. 정보와 지식을 전달하거나 이해와 신뢰를 형성하는 일, 누군가를 격려하거나 설득하는 데 있다.

대화하는 목적이 분명할수록 성공적인 소통이 된다. 목적에 따라 어떤 화제와 자료를 준비해야 하는지, 어떤 태도와 말투를 취해야 하는지, 어떤 방법을 활용해야 하는지 결정되기 때문이다. 그러므로 말을 하기 전에 '내가 왜 말을 해야 할까?'를 생각해보자. 대화의 효과를 예상하고 그 효과가 목적에 도달할 수 있도록 노력하게 된다.

모든 연습의 기회를 잡아라

꾸준한 노력만이 주목할 만한 성과를 거둔다. 대중 앞에서 연설할 기회, 사람들과 대화를 나누는 기회를 놓치지 말자. 특정 단체, 조직 또는 모임에 참석하면 사람들과 적극적으로 소통함으로써 말하는 연습을 할 수 있다. 사람들과 일을 추진하는 과정에서 필요한 업무를 도와주며 말할 기회를 잡고, 다양한 활동의 진행을 맡으며 말하기를 연습하자. 말재주가 좋은 사람들을 만나면 보고 배우는 기회로 삼아야 한다.

말은 연습할수록 는다. 말하기를 연습할 장소와 대상은 곳곳에 존재하며 마음만 먹으면 계속해서 발전할 수 있다.

암송부터 시작하자

암송은 '외우기'와 '읽기'이다. 이 훈련의 목적은 두 가지다. 하나는 기억력을 키우는 것이고 다른 하나는 구두 표현력을 강화하는 것이다. 기억력은 말재주가 우수한 사람에게 꼭 필요한 자질이다. 충분한 지식이 축적되어야 다양한 표현과 내용이 말로 나온다. '외우기'를 많이 할수록 기억력이 강화된다. '읽기'는 표현력 훈련으로 문장 내용을 낭독하면 자신도 모르는 사이 몸에 새겨진다.

따라하며 배우자

모방도 학습의 과정이다. 아이들이 말을 배울 때 부모와 주변 사람의 말을 따라 하며 시작한다. 말하기도 말재주가 좋은 사람을 따라 하며 연습하자. 모방대상의 말투, 속도, 표정과 동작을 분석하고 따라 하며 자연스럽게 될 때까지 반복해야 한다. 모방은 실행하기 간단한 학습법이며 효과도 빨라서 모든 연령대에 적합하다.

그림을 보고 말하기를 단련하자

그림을 보고 묘사해서 말해보자. 책에 나와 있는 그림만을 보는 것이 아니라 생활 속의 풍경, 사물, 인물 등도 묘사하면 좋다. 보이는 것을 설명적 언어로 표현하면 된다.

"안타깝게도 신호가 바뀌었네요. 차들이 하나둘 멈춰 섭니다. 모두 말을 잘 듣는 학생 같습니다."

이렇게 상황을 말로 전하는 것이다. 준비된 자료가 없이 즉석에서 문장을 만들어내야 하므로 언어를 구성하는 능력과 표현의 논리를 훈련하게 된다. 연습할 때 사물이나 인물의 주요 특징을 파악하고, 생생한 표현으로 묘사하는 것이 중요하다.

이야기하는 것을 통해 입담을 단련하자

다른 사람이 이야기하면 매우 흥미로운데 자신이 하면 무미건조할 때가 있다. 스토리텔링도 하나의 능력이다. 이야기를 만들어 전해주듯 말하는 연습을 하면 입담을 단련하는 좋은 방법이 된다. 이야기 속에는 독백도 있고 인물 대화도 있고 묘사적 서술도 포함되어 있다. 스토리텔링을 함으로써 다양한 말하기의 능력을 훈련할 수 있다.

연습할 때 이야기 속 인물의 성격, 줄거리의 변화를 파악하고 상응한 표정과 동작도 표현해보자. 말에 생동감이 실려 더 생생한 표현을 보여줄 수 있다.

개개인의 차이로 말하기 연습의 방법도 달라진다. 자신에게 가장 적합한 방법을 찾아 꾸준히 연습하면 입담은 분명히 는다.

격려는 어리석고 미숙한 대화를 해결하는 핵심 요소이면서
관계를 발전시키고 심리적 인지도를 높이는 없어서는 안 될 요소이다.
격려의 효과는 사람의 상상을 초월한다.

심리학자 니콜라스 레드

제3장

감정편

감미로운 말이 사랑을 키운다

AN ATTRACTIVE WAY OF SPEAKING

A PLEASING WAY OF SPEAKING

☺

달콤한 감언이설도 말하기의 훌륭한 재료이다. '사랑'한다는 말은 아무리 들어도 질리지 않고 "오늘 따라 더 멋져 보여요."라는 말은 연인 사이에 사랑을 더해주지 않는가. 열애 중인 커플이든 오래 함께 지내온 부부이든 달콤한 감언이설을 싫어할 상대는 없다. 날마다 물을 마시고 밥을 먹는 것처럼 사랑에도 영양이 필요하다. 그 영양제가 상대에게 전하는 감미로운 말이다. 당신이 첨가한 달콤함의 함량만큼 사랑의 감정이 커진다.

찬사를
사랑의 접착제로 이용하자

자신이 하는 말을 살펴보자. 혹시 감사보다 원망이 더 많지 않았는지, 격려보다 요구가 더 많지 않았는지, 상대의 부족한 부분을 지적하느라 늘 엄격하고 비난하는 말을 일삼지 않았는지 생각해보자. 사실, 서로 사랑하는 사이라면 상대에게 자신이 인정받고 사랑받고 있다는 유쾌한 느낌을 전달받아야 한다. 그래야 서로 기분도 즐겁고 평화로워진다.

30년 결혼생활 동안 늘 행복했던 어느 부부는 서로 인정해주고 찬미해주는 것이 행복의 비결이라고 증언했다. 개인의 가치 실현은 자신의 인정뿐만 아니라 타인의 인정이 필요하기 때문이다. 배우자는 인생에서 가장 오랜 시간을 함께한다. 서로 이해하고 사랑하며 의지하는 사람이다. 배우자의 인정과 찬사는 자신의 자아실현에 힘을 실어주고 생활과 일에 대한 자신감도 증가시켜준다. 반대로, 결혼생활 중 비난과 폄하가 많다면 부부 사이에 금이 간다.

어떤 사람들은 결혼하면 서로를 속속들이 알게 되어 뜨겁게 사랑할 때랑 다르고 매력도 시간 따라 사라진다고 한다. 과연 그럴까? 사실 당신에게 부족한 건 아름다움을 발견하는 눈이다. 더 너그러운 태도로 상대를 보면 매력이 보인다.

상대가 사업에서 거둔 작은 성과, 가족을 위한 헌신, 일상 속의 작은 지혜는 모두 칭찬할 만한 부분이다. 만약 몇십 년 동안 사랑하는 사람에게 고마움과 칭찬을 지속한다면 가정생활에 생기와 활력이 끊임없이 샘솟을 것이다.

우 국장은 회사에서 승승장구한 사람이다. 사업이 바쁘다 보니 집안일은 전부 아내가 맡고 있다. 아내는 집안일도 깔끔하게 하고 아이들도 총명하고 건강하게 키웠다. 우 국장은 입버릇처럼 아내를 칭찬했다.

"그녀는 정말 좋은 아내예요, 우리 집은 다 그녀 덕분에 평안하지요!"

아내의 배려로 우 국장은 일에 몰두해 국장직으로 승진하게 되었다는 것이다. 동료들이 우 국장을 위해 마련한 승진 축하회에서도 아내를 인정했다.

"나의 아내한테 제일 감사하다. 그 사람이 없었다면 오늘날의 나도 없었을 것이다."

어느 날 예전의 동료가 우 국장을 방문했다. 마침 우 국장이 외출중이어서 비서가 손님을 대접했다. 서로 이런저런 얘기를 나누다가 비서는 우 국장의 아내 칭찬을 했다. 예전 동료가 이에 깜짝 놀라며 말했다.

"아닌데? 그분 아내는 집안일을 잘하지 못해요. 반대로 우 국장은 대단히 부지런한 분이에요. 회사와 집안일을 모두 하는 모범 남편이었죠."

그 뒤로 우연한 기회에 우 국장의 아내가 스스로 이 궁금증에 답을 했다. 사실 우 국장의 아내는 집안일을 잘하지 못했다. 그런데도 우 국장은 늘 다른 사람 앞에서 아내를 칭찬했다. 잘하려고 노력하는 모습이 아름답다는 것이었다. 우 국장은 안 하는 것이 아니라 못 하는 것은 아무 문제가 없다고 선을 그었다. 그리고 최선을 다하면 된다고 격려했다. 그녀는 아직도 집안일을 잘하지 못하지만 나름 성의껏 하고 있고 남편이 인정하고 있으니 만족한다고 했다.

우 국장은 인정하는 말로 아내를 격려하고 자신감을 키워주었다. 사랑하는 사이라면 인정과 칭찬을 끝없이 해주자. 그것이 하얀 거짓말일지라도.

상대의 감정을 읽어주자

상심해 있는 누군가를 보면 위로의 말을 건네는가? 만일 상대를 위로한다고 한 말이 오히려 더 큰 상처를 준다면 차라리 조용히 그 자리를 비켜주는 편이 낫다. 또한, 상대가 많은 걸 말하고 싶어 하지 않을 때는 원인을 캐묻지 말아야 한다. 상대에게 왜 그러느냐, 이유가 뭐냐 하나하나 캐묻는 행동은 그에게 압박이 된다. 자신이 연약할 때를 이용해 비밀을 캐낸다고 오해할 수도 있다.

이럴 때는 상대가 먼저 말하기를 기다려주는 것이 좋다. 그 후에 상대가 토로하는 내용에 맞춰 대응해주면 상대의 마음을 풀어줄 수 있다. 그가 보지 못하는 관점에서 그 일을 해석해주면 상대의 감정이 정리된다. 상대는 당신이 자기감정에 공감해주기를 원한다.

A가 직장 동료에게 회사 업무에 대한 불만을 토로했다.

"오늘 기분 최악이에요."

"왜요?"

"이 회사에서 제가 별 가치 없는 사람처럼 느껴지거든요."

"아니, 왜 그런 생각을 해요?"

"우리 부서의 다른 팀원들과 저를 비교해봤더니 그들의 업무량이 저의 3배 정도는 되더라고요. 그런데도 제 근무시간은 누구보다 길어요. 저는 주말에도 잔업하고 심지어 제 돈을 들여가며 외부에서 열리는 업무 관련 특강도 참석하거든요. 그런데 별 효과가 없어요. 이러다 얼마 못 가 지쳐버리겠어요. 제가 다른 팀원들에게 밀리는 것은 상상하기도 싫어요."

회사 내에서 자신의 입지에 불안감을 가진 A는 매일 초조한 하루를 보내는 중이었다. 그로 인해 맡은 업무에서도 실력을 발휘하지 못하고 팀원들과 비교하며 자신감을 잃어가고 있었다. 누구든지 자신을 인정해주기를 간절히 원하는 상황이다. 이를 간파한 동료가 조언했다.

"와! 정말 대단하네요. 그렇게 바쁜 중에도 자기계발을 위해 시간을 내다니. 그런 사람은 많지 않아요. 당신이 지금 공부한 것들은 나중에 사용할 기회가 반드시 올 거예요."

"정말 그럴까요?"

"그럼요. 그러니 자신을 다른 팀원들과 비교하는 건 좋지 못해요. 어쨌거나 당신은 노력하고 있고 보이지 않는 지식과 정보가 축적되고 있잖아요. 두고 보세요. 앞으로 당신의 진가가 발휘될 거니까. 대신 매일 업무를 체크하는 일지를 써보세요. 무엇이 문제인지 점검해보는 거지요. 아마 당신이 어디에서 힘들어하는지 알 수 있을 거예요. 그 부분만 개선하면 되잖아요."

직장 동료는 A의 말에서 자신이 해줄 말의 힌트를 발견했다. 위로가 필요한 사람은 자존감이 낮아진 상태이다. 자기감정이 매우 취약한 상황에 몰려있다는 사실도 안다. 그런 사람에게 "당신 늪에 빠졌으니 거기서 빨리 나와요!"라고 외친다면 별 도움이 되지 않는다. 대신 자신감을 회복할 수 있도록 도와주어야 한다. 아무리 복잡한 상황이라도 결국 스스로 극복할 수 있어야 문제가 해결된다. 그가 처한 상황에서 빠져나올 대안이나 긍정적인 방법을 제시해주면 좋다. 설령 그 방법이 소용없다고 해도 자신의 말을 성의껏 들어준 당신에게는 고마움을 품는다.

용감하게
고백하자

사랑은 마음의 감동을 고백해야 보인다. 고백은 사랑의 시작과 유지에 몹시 중요하다. 체면 때문에 상대에게 먼저 고백하지 않고 있으면서 '굳이 그럴 필요가 있을까?' 라고 생각하지 말자. 사랑을 먼저 표현하는 것은 약함의 표시가 아니다. 용감히 고백하는 사람은 자기감정의 궤적을 파악한 승리자이다.

고백은 일종의 예술이고, 총명한 사람만이 자유자재로 운용할 수 있다. 자신의 고백에 상대가 동의하고 좋은 인연으로 발전하기 원한다면 최소한의 전제 조건과 유리한 요소를 갖추어야 한다.

고백하기 전에 자신을 충분히 이해하자

고백하기 전에 자신을 객관적으로 측정해보자. 자기 상황을 합리적으로 분석하고 냉정하게 평가해야 한다. 주로 자기 이미지, 사상, 정취,

생활 스타일, 가치 체계, 학식, 재능 등이 포함된다. 세상에는 완벽한 사람이 없으니 너무 자신만만하여 자기 결점을 그냥 지나치지 말자. 그 결점이 상대가 당신을 거부하는 치명적인 원인이 될 수 있다. 자신에 대한 자부심이 큰 사람은 거절을 받으면 크게 상처받는다.

그러므로 고백 전에 상대를 최대한 많이 알아야 한다. 상대를 충분히 이해해야 마음을 헤아려 고백할 수 있다. 일과 주소, 나이 등의 기본 정보만으로는 상대를 제대로 알 수 없다. 표면에 드러나는 정보보다 상대의 가치관이나 성장 배경, 이상 등을 알아보는 것이 좋다.

고백의 기회를 잡아라

당신이 좋아하는 상대를 만나면 절대 기회를 놓쳐서는 안 된다. 평소에 말을 붙이지 못했는데 우연히 길을 가다 마주쳤다면 대화를 시작하자. 아주 간단한 내용이라도 이야기할 수 있다.

"안녕하세요. 전에 ㅇㅇ에서 뵌 적 있어요."

"저 좀 도와주시겠어요?"

"ㅇㅇ에 다니시죠?"

이러한 대화를 통해 추후 상대와 더 깊은 대화를 할 계기가 마련된다.

직접 말 걸기가 어려운 내성적인 사람이라면 미소나 수줍은 표정으로 상대의 관심을 끌어모으자. 그가 당신의 의도를 알아채면 먼저 다가올 것이다. 그렇게 사랑이 시작된다.

다른 사람의 힘을 빌려 고백하라

당신이 좋아하는 사람과 얘기할 때 듣고 기억해두었던 말을 활용하자.

"ㅇㅇ(지인분이나 친구나 동료 등)이 자주 그쪽 칭찬을 해요."

이 말에 상대는 매우 흥미롭게 반응한다.

"그래요? 뭐라고 칭찬했나요?"

"당신은 인성이 좋을 뿐만 아니라 능력 있고 겸손하다고 얘기했어요."

이런 상황에서 상대가 똑똑하다면 당신 말에 담긴 뜻을 안다. 상대도 당신에게 호감을 느끼고 있다면 어떤 식으로든 관심을 표한다.

러시아 생리학자 파블로프는 젊었을 때 심리학 연구실에서 일했다. 그는 밤낮 가리지 않고 일했다. 하지만 이를 이해하지 못하는 친구들이 많았다. 이들은 짧은 인생에서 고난보다 쾌락을 찾고 즐겨야 한다고 했다. 그러나 그중 한 사람 세라핌은 그들의 견해에 동의하지 않았다. 그녀는 파블로프를 매우 숭배하였으며 그가 진정으로 생명의 가치를 이해하고 의미 있는 일을 한다고 여겼다.

어느 날, 파블로프는 평소와 같이 실험실에서 바쁘게 보내고 있었다. 밤이 깊어지자 눈이 오기 시작했다. 파블로프의 건강이 염려된 세라핌은 두툼한 외투를 챙겨 연구실로 갔다.

파블로프가 연구실에서 나왔을 때 세라핌을 만났다. 그는 감동해서 그녀의 손을 잡고 눈 위를 걸었다. 갑자기 파블로프는 세라핌의 손목을 누르더니 기뻐하며 소리쳤다.

"당신의 심장이 건강하니 박동도 빠르군요."

세라핌이 의아해하자 파블로프는 고백했다.

"심장이 안 좋으면 과학자의 아내가 못 돼요. 과학자는 자신의 시간과 정력을 모두 과학 연구에 쏟고 수입이 적기 때문이죠. 과학자의 아내는 어려움을 두려워하지 않고 사소한 일도 혼자서 처리할 수 있는 건강한 몸을 가져야 하거든요."

이에 세라핌은 대답했다.

"그렇다면 저는 과학자와 맞네요."

그렇게 해서 파블로프는 세라핌에게 자신의 사랑을 전달하는 데 성공했다. 나중에 그들은 결혼했다. 그리고 늘 서로 의지하며 행복한 삶을 살았다.

파블로프는 함축된 언어로 자신의 사랑을 드러냈다. 혹시 상대에게 거절당할까 봐 직접 고백하지 못한다면 파블로프의 방법을 사용해보자. 우회적으로 마음을 고백하면 유머러스하게 분위기를 유도하며 목적을 달성하게 된다.

다툴 때는 분수를 지키고,
화해할 때는 방법을 지키자

싸우지 않고 사는 부부는 드물다. 적당한 다툼은 자기 의견을 표현하고, 불만을 털어놓으며 본심을 드러내 부부간에도 서로 몰랐던 부분을 알게 된다. 서로의 필요를 더 잘 이해하고, 서로 맞춰가게끔 한다. 하지만 부부간의 다툼은 그 수위에 주의를 기울여야 한다. 그렇지 않으면 상대를 만신창이로 만들며 감정에 심각한 영향을 미칠 수 있다. 다음의 몇 가지 측면에 특히 주의를 기울이자.

오만한 태도로 상대를 비판하지 말자

부부간의 의견 차이가 있을 때 항상 자신이 옳다고 생각하지 말자. 상대의 의견을 상종할 가치가 없다고 비판하지 말아야 한다. 모든 사람은 자존심을 가지고 있다. 상대에게 일방적으로 책망을 받고 원망을 받으면 당연히 자신을 변호하게 된다. 이때 상대가 설명하거나 반박하는 것을 용납하지 않으면 필연적으로 쌍방의 갈등을 격화된다. 쉽게 해결할 문제를 가족 대전으로 만든다.

상대에게 상처 주는 말을 함부로 하지 말자

화가 난 상태에서는 상대를 해치는 말을 많이 하게 된다. 설령 그것이 진심이 아닐지라도 상대에게 깊은 상처를 남긴다. 이런 상처는 치유되기도 어렵다. 그러니 아무리 화가 나더라도 해서는 안 될 말이 있다.

"당신과 결혼하는 것을 정말 후회한다!"

"우리 이혼하자!"

"너의 그 행동을 봐. 옆집 ㅇㅇ만큼만 해도 나는 복이 있을 거야!"

"ㅇㅇ 씨는 당신보다 능력자야."

이 같은 귀에 거슬리는 말은 결혼을 후회하게 만든다. 부부 갈등이 격화되고 심하면 더욱 큰 비극을 초래한다.

상대의 단점을 찌르지 말자

아내든 남편이든 완벽한 사람은 없다. 그럼에도 두 사람이 결합했다는 것은 인연이며 한때는 서로를 이해하고 관용했다는 증거이다. 그러나 많은 사람은 화가 났을 때 이 점을 잊고 항상 상대의 단점을 폭로한다. 특히 상대가 패배를 인정하지 않을 땐 더욱 화가 나서 상대의 인격을 폄하하고, 약점을 비난하며, 이전의 실수를 나열해 인신공격한다. 심지어 상대의 부모를 비하하는 지경까지 이른다. 이렇게 하면 자신의 화풀이 목적에는 달성할 수 있겠지만, 상대와의 관계는 회복할 수 없다.

예전 일들을 들춰내지 말자

말다툼할 때 과거의 갈등과 이견을 자꾸 언급하지 말자. 갈등이 확대될 뿐이다. 다툴 때는 왜 다투는지 알아야 한다. 지금 문제가 되는 일만 말해야 그 문제가 해결되고 의견 차이와 갈등이 해소된다.

"부부는 싸우되 원한을 품지 않는다."라는 옛말이 있다. 부부싸움은 사적 이익의 충돌이 아니다. 문화나 교양, 사고 습관 등의 차이로 서로 다른 견해가 생겨나지만, 근본적으로는 일을 잘 처리하고 공동이익을 지키려는 목적이다. 그러므로 부부는 말다툼할 때 서로 배려하고 자신의 감정을 조절하는 데 주의를 기울여야 한다.

자세를 낮추자

자기 잘못이 아니더라도 승자의 자세를 취하면 안 된다. 그러면 관계가 더 나빠진다. 사실 부부 다툼에는 진정한 승자는 없다. 다툼으로 인한 상처를 바로 메우지 않는다면 감정을 치유할 기회를 잃는다.

자세를 낮추고 화해하려는 성의를 보여야 한다. 먼저 냉전 분위기를 깨고 "점심에 뭐 먹고 싶어?"라든가 "같이 마트에 장 보러 갈래?"와 같은 중요하지 않은 사소한 일을 물어보면서 대화의 물꼬를 트자. 이는 상대의 노여움을 줄이는 데 도움이 될 뿐만 아니라, 닫힌 상대 마음의 문을 여는 열쇠가 된다. 어쩌면 그도 싸움을 끝내고 싶었지만 어디서부터 시작해야 할지 모를 수 있기 때문이다.

사과하거나 사과를 받아들이자

말다툼할 때 무심코 상대를 해치는 말을 했다면 사과해야 한다. 체면

깎이는 일이라고 생각하면 안 된다. 반면 말다툼 후에 상대가 사과한다면 문제를 붙잡고 있지 말고, 긍정적인 태도로 응대하자. 사과는 화해하고 잘 지내자는 의미이므로 거부하면 안 된다.

항상 침묵을 지키지는 말자

침묵을 유지하면 치열한 다툼을 피할 수는 있겠지만 빠른 화해에는 유리하지 않다. 침묵은 자신의 마음속 생각을 상대가 이해할 수 없게 만든다. 분노한 이유를 영원히 모르도록 차단하는 것이다. 결국, 다툼은 끝없는 냉전으로 변해 둘 사이의 골은 점점 깊어진다. 그러므로 침묵보다는 상대에게 하고 싶은 말을 마음껏 하도록 기회를 주자. 다툼의 원인은 사실 하찮은 일이지 않은가.

결혼한 지 7년 된 한 부부는 사소한 일로 자주 말다툼을 했다. 어느 날 아내는 또 하찮은 문제로 남편과 다투었다. 남편은 집 밖으로 나갔고 아내는 김빠진 고무공처럼 맥없이 소파 위에 앉아 있었다. 그녀는 남편이 자기 인격을 무시해서 매번 싸운 후 나가는 것이라고 생각했다.

'사랑과 존중이 없는 결혼생활이 무슨 소용이란 말인가.'

헤어져야겠다는 생각이 머릿속을 스치자, 그녀는 갑자기 말할 수 없는 절망을 느꼈다. 그녀는 대성통곡하기 시작했다. 그때 문 여는 소리가 들렸다. 문을 열고 들어온 남편은 곧장 아내에게 다가가 그녀를 껴안고, 눈물을 닦아주었다.

"이제껏 내가 나가도 당신은 한 번도 운 적이 없었잖아, 오늘은 왜 그래?"

남편은 아내 눈을 바라보며 물었다. 아내는 마음속으로 따뜻한 느낌이 밀려왔다. 하지만 자존심 때문에 남편에게 고개 숙일 수 없었다.

"그거 알고 있어? 문을 박차고 나갈 때마다 난 문 밖에 서 있었어, 당신이 나를 보면 더 화가 날까 봐 그랬어. 난 당신의 화가 풀리기를 기다리고 있었을 뿐이야. 난 정말 당신의 기분 상한 모습을 보고 싶지 않아."

아내는 울음을 그치고 멍하니 남편을 바라보았다. 남편은 촉촉한 눈빛을 드러내면서 이렇게 덧붙였다.

"당신과 싸울 때마다 나는 두 사람이 함께 살면 마찰이 있기 마련이고, 어떤 부부도 피할 수 없다고 생각했어. 나는 우리 사이가 점점 더 금이 가는 걸 보고 싶지 않아서 피하려 했던 거야. 내가 밖으로 나갈 때마다 당신은 곧 평온을 회복할 수 있었잖아. 그런데 오늘은 당신의 울음소리를 들었지. 내가 당신을 화나게 해서는 안 되는데, 정말 미안해. 왜 그렇게 슬프게 울었어?"

남편의 말을 듣고 아내는 또 눈물을 흘렸다. 이번에는 슬픔과 절망에서 나온 것이 아니라 남편에 대한 죄책감에서 흘린 눈물이었다.

남편은 부부싸움의 전쟁터를 벗어나는 방식으로 싸움을 끝내고 화해를 기다렸다. 나름대로 고심해서 선택한 방법이었지만 그는 한 가지를 간과했다. 부부간의 문제는 대화로 해결해야 한다는 것이다. 일시적인 안정을 취하더라도 시간이 길면 오해를 부른다. 아내는 남편이 너무 냉정하다고 느끼고 관계를 정리하려 했다. 만약 남편이 문밖의 비밀을 말하지 않았다면 아내의 오해는 더 깊어져 예기치 않은 상황으로 전환되었을 것이다.

부부란 서로 다른 환경에서 자란 사람이 만나 가정을 이룬 그야말로 불완전한 하나이다. 따라서 그 둘 사이에는 불협화음이 있을 수밖에 없다. 아무리 사랑하는 사이라 하더라도 생활을 타인과 공유해야 한다는 것 자체는 어렵고 힘들다. 때로는 스트레스로 다가온다. 자신이 느끼는 것만큼 상대도 피로해하고 있다는 사실을 기억하자. 자신이 짜증나는 부분에서 상대도 피곤을 느낀다고 생각하자. 서로에 대한 공감만이 부부관계를 돈독하게 한다.

잔소리에
단단한 사랑도 깨진다

잔소리를 좋아하는 사람은 없다. 불행히도 오랜 시간을 함께 보내다 보면 잘못된 습관이나 버릇, 이해할 수 없는 행동을 보게 된다. 그러면 좋았던 때의 너그러움은 사라지고 사소한 문제에도 지적이 시작된다.

"물건을 쓰면 제자리에 둬야지!"

"술 좀 적게 마셔. 몇 번이나 말했잖아!"

"왜 또 그렇게 많은 화장품을 사? 이건 정말 낭비야!"

그냥 웃어넘길 일에도 끊임없이 잔소리한다. 그로 인해 상대는 골치가 아프다. 자기 행동의 잘잘못을 떠나 이렇게 잔소리 듣는 상황이 싫고 벗어나고 싶을 뿐이다. 어쩌면 잔소리에 대한 불만을 표출하기 위해 상대는 당신이 싫어하는 일을 점점 더 많이 할 수도 있다. 이런 악순환이 거듭된다면 사랑은 소멸된다.

연애든 결혼이든 잔소리가 큰 걸림돌이다. 아름답고 달콤한 사랑은 사소한 잔소리로 금이 가고 결국에는 깨진다. 지속적인 사랑을 갈망한다면 잔소리를 멈추고 상대에게 여지를 남겨야 한다. 잔소리를 대체할 방법을 찾아보자.

소통으로 잔소리를 대체하자

사사건건 잔소리하기 싫으면 상대와 자주 소통하라. 예를 들어 불만이 쌓이는 가사노동과 같은 일은 나눠서 하자고 명확히 요구해야 한다. 개인적으로 이해 안 되는 일들은 그때그때 말하고 조심해달라고 부탁하자. 이때 자신은 아무렇지 않은 상황이지만 상대가 이해하지 못하면 조심해서 접근해야 한다. "그것이 왜 문제야?"라고 따지고 든다면 상황은 더 악화된다. 당장은 좋아서 대답하지만 시간이 지날수록 약속을 지키지 않는다면 싸움으로 번진다. 상대의 요구를 신중하게 들어주고 이해해주자. 잔소리한 부분에서 한 약속이 있다면 반드시 지켜야 한다.

격려의 말로 잔소리를 대체하자

다른 사람에게 자신이 원하는 일을 하도록 하는 것은 굉장히 어려운 일이다. 하지만 격려의 말과 함께 상대에게 요구하면 목적에 쉽게 도달할 수 있다.

"네가 한 책 정리는 한눈에 찾을 수 있어서 좋아. 오늘 나머지도 해줄 수 있니?"

이 말에 상대는 자신이 어떤 역할을 했다는 생각에 기분이 좋아진다. 다음의 부탁도 자연히 들어줄 것이다. 반대로 "이걸 이렇게 하면 어떡

해. 한 번에 제대로 할 수 없니?"라고 잔소리한다면 당신은 영원히 원하는 목적에 도달하지 못한다.

귓속말로 잔소리를 대체하자

귓속말로 상대한테 해야 할 일을 알려줘 보자. 친밀감을 나타내면서 상대의 기분도 좋게 한다. 특히, 여러 사람이 있는 상황에서 상대에게 귓속말로 '미션'을 준다면 재미가 있을 뿐더러 체면도 깎이지 않는다.

유머로 잔소리를 대체하자

이미 발생한 일이고 되돌릴 수 없다면 유머러스하게 넘어가자. 모든 부정적인 감정을 사라지게 한다. 요구 사항이나 의견을 유머러스하게 제시하면 상대도 흔쾌히 받아들인다. 잔소리보다 효과가 훨씬 좋다.

잔소리에 애정을 담아라

잔소리는 미묘해서 말 몇 마디로 관계가 좋아지기도 한다. 하지만 대체로 영영 좁히지 못할 거리감만 확인하고 끝나는 경우가 많다. 잔소리의 목적성을 드러내며 조목조목 지적하는 경우, 미사여구를 동원하여 말하지만 형식적인 경우, 상대의 상황이나 조건은 고려하지 않은 채 자기 기준에만 맞추려는 경우가 이에 해당한다.

애정이 담긴 잔소리라야 상대의 마음이 움직인다. 자신의 이익과 결부되지 않았지만 관심과 사랑으로 해주는 잔소리는 상대를 변화시킨다. 자신을 위해 해주는 조언으로 받아들이고 도와달라는 요청도 서슴지 않고 나서서 도와준다. 그로 인해 관계까지 좋아진다.

가까운 사이일수록 언어 예절을 지키자

친밀한 관계일수록 말을 함부로 해서는 안 된다. 예절의 얽매임 없이 편하게 말해야 더 친해진다고 생각해서도 안 된다. 관계가 가까울수록 조심해야 하는 게 말이다.

어머니가 집 밖에서 신나게 노는 아들에게 외쳤다.

"어서 당장 들어오지 못해? 공부도 못 하면서 맨날 놀기만 해. 얼른 와서 숙제해!"

음식점에서 먹고 남은 음식을 포장해달라는 아내에게 남편이 말했다.

"당신은 왜 항상 그렇게 쪼잔해? 당신이 그러면 내가 체면이 없잖아."

당신이 직설적으로 내뱉는 말이 가장 가까운 사람에게는 큰 상처가 될 수 있다. 한마디 말 때문에 대판 싸우는 경우도 비일비재하다. 언어의 예술을 모른다면 언제든 상대의 마음을 찌를 수 있는 무기를 지니고 다니는 꼴이다.

가정의 갈등을 해결하려면 완곡하게 말하는 법을 배워야 한다. 솔직한 태도로 대화하며 상대의 감정을 충분히 존중하고 배려와 관심을 반영해야 한다.

뜻을 정확히 표현하자

말할 때는 뜻을 분명하게 표현하자. 대화에 사용된 어휘의 정확성에 주의해야 한다. 애매모호한 표현은 상대에게 의미가 제대로 전달되기 어렵다. 상대는 자기방식으로 생각하고 이해한다. 그로 인해 오해와 충돌이 생긴다.

그러므로 감정을 표현하는 방식에 주의를 기울이자. 감정을 감추거나 억누르라고 요구하는 것이 아니다. 감정이 격렬할 때 그 감정을 적나라하게 전할 필요가 없다는 것이다. 다음 날 후회할 말은 하지 않는 게 좋다. 완곡한 방식으로 말하면 자신의 내면 감정을 드러내되 상대의 마음을 다치지 않게 하는 것이다.

거친 용어를 피하자

거친 언어를 사용하면 상대에게 좋지 않은 이미지로 각인된다. 거친 말이 상황을 나아지게 만들지도 않을 뿐더러 상대의 마음을 돌리지도 못한다. 내가 상대에게 듣고 싶은 말투, 언행을 기억하고 그대로 실행해 보자. 깍듯하게 예의를 갖춘 당신의 모습이 발현될 것이다. 이는 완곡한 말하기 법을 배우는 근본원칙이다.

성실한 태도를 갖추자

갈등 관계에서 상대방이 자신의 결점을 받아들이게 하되 내 스스로 가져야 할 책임도 회피하지 말자. 완곡한 태도는 곧 성실한 태도다. 상대의 의견을 진중하게 받아들이고, 자신의 잘못을 진심으로 사과하자. 그러나 억지로 자기 잘못을 인정하면 오히려 역효과가 날 수 있다. 말다툼에서 "그래, 다 내 잘못이야!"라고 말하는 것은 완곡한 태도가 아니다. 오히려 갈등을 키우고 더욱 강한 대립 관계를 조성한다.

"왜 당신은 깨끗한 양말을 준비해서 내 서랍에 넣어주지 않는 거야?"

"다음부터 주의할게. 하지만 당신도 나를 도와야 해. 빨랫감은 항상 세탁함에 넣어야 한다는 거 기억해. 알았지?

또 다른 대화를 들어보자.

"옷감을 샀는데, 이것으로 치마를 만드는 게 어울릴까?"

"색깔이 참 선명하네. 딸에게 옷을 만들어주면 정말 예쁠 것 같아."

이 부부는 언어의 완곡한 예술을 잘 파악하고 있다. 남편이 의견을 제시할 때 아내는 완곡하게 대답하고 있다. 남편의 의견 중 합리적인 부분을 받아들이고 그와 동시에 자신의 의견도 제시한다.

그리고 아내가 남편한테 의견을 묻는 대화를 보자. 남편은 그 옷감으로 치마 만들기에 어울리지 않는 것 같지만, 아내의 심정을 배려해 직설적으로 평가하지 않았다. 부정적인 의견을 완곡하게 말함으로써 유쾌한 소통이 이루어졌고 모순과 갈등을 피하고 있다.

유머 이중주

유머는 매우 효과적인 의사소통 언어이다. 집에서도 유머를 잘 사용하면 생활이 다채로워진다. 유머는 모순과 어려움을 극복하는 데 도움이 되며 사랑도 즐겁게 키워나갈 수 있다.

꾸미기 좋아하는 아내가 남편과 상의하지 않고 미용실에 가서 파마를 했다. 집에 돌아온 아내를 보자 매우 예뻤지만 남편은 화난 척하며 말했다.

"당신 정말 얄밉다! 그렇게 파마하면 내가 반할 줄 알았어?"

그러자 아내는 남편에게 유머러스하게 말했다.

"아니, 다른 여자로 착각하기를 바랐어."

유머는 가정이라는 아름다운 세계를 유지하게 돕는 수호신이다. 행복한 순간에는 유머가 사랑을 더 달콤하게 만들고, 위급한 순간에는 안정감을 제공하며 슬픔도 달래준다.

부부 사이에 사소한 일로 갈등을 빚는 것은 정상적인 일이다. 하지만 갈등을 어떻게 해결할지는 일종의 기교이다. 사소한 일로 크게 다투는 부부는 유머를 모른다. 가정생활을 좀 더 부드럽게 굴리려면 유머라는 윤활유를 발라야 한다.

1992년 8월 어느 날 아침, 미국의 부시 대통령이 별장 근처에서 골프를 쳤다. 영부인 바바라는 부시 곁에 없었다. 기자가 그 이유를 물었다.

"그녀는 골프를 정말 못 해요!"

부시 답변에 기자들은 한바탕 웃었다. 그러자 부시가 즉시 덧붙였다.

"이렇게 말하는 게 좋지 않군요. 내가 다른 말로 바꿔 볼게요, 그녀는 최고의 수준을 발휘하지 못했을 뿐이에요. 그래서 우리는 항상 각자 치지만 앞으로는 함께 골프 칠 기회가 있을 겁니다."

기자들이 부시의 말을 전하자 바바라는 빙긋이 웃으며 말했다.

"물론, 그는 나와 함께 골프를 치겠다고 약속했어요. 나와 함께 화원 가꾸기 약속을 그가 지킨다면 함께 필드에 나갈 거예요."

미국 대통령이 재임 기간 중에 한가하게 화원 가꾸기를 할 시간이 있을 거라고 믿는 사람은 없다. 그러므로 바바라의 대답은 유머였다. 부시 부부의 유머 가득 찬 언어에서 두 사람 사이의 친밀감을 느낄 수 있다.

'쓸모없는 말'도 쓸모 있다

부부가 매일 함께 있다 보면 대화가 점점 줄어든다. 이때 의식적으로 '쓸모없는 말'이라도 하게 되면 마음의 거리가 멀어짐을 방지할 수 있다. 또한 사랑이라는 감정 유지에 유리하다.

"우리 남편은 나무 같아. 그와 할 말이 없어."라고 말한다면 부부 관계가 매우 냉담해졌다는 의미이다. 겉으로는 다툼과 충돌이 없고 외부인의 눈에 화목하고 행복한 커플이지만, 그들 내면의 고민을 누가 알겠는가?

'즐기는 말'을 배워야 한다. 즐기는 말은 부부 사이의 중요한 윤활제와 조미료가 될 수 있다. 퇴근 후나 휴가 때, 부부가 서로 재미있는 이야기를 나누고 최근의 관심사도 얘기하며 사소한 일들을 공유한다. 이런 말들은 가사노동을 할 때, 밥 먹을 때, 영화 볼 때 등 여러 상황에서 할 수 있다.

즐기는 말은 쌍방의 감정 교류의 중요한 매체로 단조롭고 양식화된 생활에 포인트이다. 그 자체로는 특별한 작용이 없지만, 객관적인 효과로 보면 완충과 윤활의 역할을 해낸다.

현대 사회에서 사람들의 생활과 패턴은 갈수록 빨라지고 긴장도 날이 갈수록 늘어나고 있다. 직장에서 잡담과 농담을 할 시간이 없다. 집에 돌아와 즐기는 말을 하는 것 자체로 일의 긴장감을 푸는 쾌락이 된다.

제4장

설득편

뛰어난 말재주가 백만 명의 군사보다 낫다

AN ATTRACTIVE WAY OF SPEAKING

A PLEASING WAY OF SPEAKING

친구나 가족은 물론이고 사회생활에서 직면하는 상황은 대부분이 설득 과정의 연속이다. 그래서 설득하는 언어의 예술을 익히는 것이 필수 덕목이다. 과장이나 강압적 말하기는 설득이 아니다. 상대의 마음을 움직여 자기 의견에 공감하게 하고 동의하게 만드는 일이 진정한 설득이다. 적절한 방법과 부지런한 훈련을 통하면 누구나 설득의 예술을 장악할 수 있다.

기교로
상대를 설득하자

남을 설득하려 할 때 처음 입을 떼기가 어렵다. 거절당할지 모른다는 염려와 그에 따른 실망이 두렵기 때문이다. 그러나 사람을 설득하기란 생각보다 어렵지 않다. 설득하는 언어의 예술을 배우고 진정성으로 상대의 마음을 움직이면 상대는 쉽게 설득된다.

가까워지고 나서 요구를 청하자

부탁을 단도직입적으로 말하면 상대는 당황한다. 서로의 거리감을 좁히고 즐거운 분위기에서 이야기를 꺼내는 것이 현명하다. 비교적 익숙한 사람에게 부탁하려면 호칭을 부르며 친밀감을 드러내면 좋다. 이때 말투가 부드럽고 자연스럽게 나오도록 주의하자.

낯선 사람이나 익숙지 않은 사람을 설득하려면 예의를 갖추고 진실하고 열정적인 모습을 보여야 호감을 얻는다. 서로의 거리가 가까워지면 더 쉽게 부탁할 수 있다.

감언이설로 일을 해결하자

친절한 말이 듣기 좋다. 상냥한 말로 상대를 칭송하면 일이 훨씬 순조롭게 진행된다. 일을 부탁할 때 상대가 듣기 좋아하는 말을 골라서 하자. 특히 자존심이 강한 사람에게 부탁할 때 이 방법을 사용하면 효과적이다. 원칙을 잃지 않는 선에서 어떤 사람을 설득하려면 칭찬의 말을 아끼면 안 된다.

완곡하게 요구를 표현하자

상대를 설득할 때 상대가 불편해하는 부분이 있을 수 있다. 이때는 말을 순화시키고 완곡한 표현을 써야 한다. 어떤 말투가 적절한지, 어떤 어조와 단어를 사용해야 하는지, 어떻게 문장을 만들어야 하는지 고민해야 한다.

직접적인 간청으로 목적을 달성하기 어려우면 우회적인 방법을 활용해도 좋다. 예를 들어 일부러 상대가 자부심을 느끼도록 말하는 것이다. 이때 상대는 자신의 이미지를 유지하려는 욕망이 생겨 당신의 부탁을 들어준다.

적절한 타이밍에 입을 열자

누군가를 설득하고자 할 때는 적절한 타이밍을 찾아야 한다. 기회는 기다린다고 항상 찾아오는 것이 아니다. 우리가 적극적으로 만들어야 한다. 상대를 설득할 때 그의 정서와 태도를 잘 관찰하고 눈치를 살펴야 한다. 상대의 기분이 안 좋을 때는 어떤 화법을 쓰더라도 좋은 반응을 얻어내기 힘들다. 그러므로 상대가 기분 좋을 때 설득하고 요구한다. 또한, 충분한 인내심을 갖고 설득해야 한다. 답변을 아직 받지 못했다고 계속 채근하는 것은 현명하지 못한 행동이다. 오히려 상대의 반감만 사기 십상이다. 상대가 당신의 요구에 동의할 때까지 조르는 것도 좋지 않다. 상대가 어려워하는 일을 강요해서도 안 된다.

우리가 상대의 어려움을 이해하면 남을 설득하는 것도 그렇게 어렵지 않다. 단, 사람을 설득하는 데 있어 너무 높은 기대치를 갖지 마라.

상대의 기분을 고려하자

상대를 설득하고 싶을 때는 그의 입장에서 문제에 접근해봐야 한다. 상대가 불쾌감을 느끼거나 불만이 있다면 절대 설득당하지 않는다. 사람은 누구나 자신의 이익을 먼저 챙긴다. 물질적인 손해가 아니라도 기분이나 감정 등 자신에게 부정적인 영향을 주는 부분에는 민감하게 대처한다. 이를 고려하지 않고 내 상황에서 좋은 부분만을 강조하고 증명하려 든다면 상대는 거부감을 느낄 것이다.

건강보조식품을 파는 외판원이 있었다. 그는 자신이 파는 건강식품이 최상의 제품이며 만병통치약인 것처럼 홍보했다. 그는 혈관질환으로 몇 년째 병원 처방 약을 먹고 있는 고객을 만나 피를 맑게 해준다는 판매상품을 소개한 후, 이렇게 덧붙였다.

"병원 약은 오히려 병을 키워요. 이제까지 치료보다는 더 나빠지지 않게 유지만 하게 한 거죠. 저희 제품은 혈관을 완전하게 청소해주니까

1년만 드시면 완전히 나을 수 있을 겁니다."

고객은 이제껏 자신이 병원에 다니고 처방을 받은 모든 행위가 부정당하자 기분이 나빠졌다. 또한, 전문의의 진단과 소견을 무시한다는 생각 때문에 불신이 생겼다. 그 뒤로 고객은 한 시간 동안 이어진 설명을 한 귀로 듣고 한 귀로 흘려버렸다.

설득보다
이해가 먼저다

상대를 설득하려면 그를 존중하고, 그의 의견을 이해하고 배려해야 한다. 상대가 자기 견해를 말하기 시작하면 일단 들어야 한다. 처음부터 당신의 의도를 드러내면 상대는 불쾌하게 여긴다. 자기 의견에 동의가 따를 때 상대는 당신 생각을 차근차근 듣는다. 그 결과 자연스럽게 당신에게 설득된다. 상대를 설득하는 데 매우 효과적인 방법을 알아보자.

칭찬을 통해 상대의 심리를 만족시키자

긍정적 평가를 받고 냉정하게 돌아서는 사람은 없다. 마찬가지로 칭찬으로 상대의 심리적 만족감을 높여준다면 상대는 더 쉽게 설득당한다.

설득이 어려운 것은 상대를 이해시키지 못해서가 아니라, 상대와 당신이 서로 다른 입장에 처해 있기 때문이다. 이럴 때는 처지를 바꿔 생각해보고 설득의 초점을 수정하자. 당신의 주장을 더 쉽게 전달하면서 원활한 소통까지 이룰 수 있다.

설득해야지 굴복시켜서는 안 된다

사람은 강요당하는 것을 좋아하지 않는다. 서로의 의견이 어긋나도 자신의 생각을 상대에게 강요해서는 안 된다. 그 자체로 상대의 불만과 분노를 부른다. 오히려 부드럽게 사실을 내세워 상대가 받아들이도록 설득하는 것이 고명하다.

근대 과학의 아버지 갈릴레이는 젊었을 때 과학 연구에 성과를 거두고 싶었다. 그러기 위해서는 아버지의 지원과 도움이 필요했다. 어느 날 갈릴레이는 아버지에게 물었다.

"아버지는 어떻게 어머니와의 결혼을 결정하게 되었나요?"

아버지는 미소를 지으며 대답했다.

"너의 어머니가 나에게 매우 매력적으로 다가왔었다."

갈릴레이는 또 물었다.

"그럼 아버지는 다른 여자를 사랑한 적이 있나요?"

"아니. 한때 집안에서 부유한 여자와 결혼을 권했지만 나는 너의 어머니만을 사랑했다."

"아버지가 평생 어머니만 사랑하신 것처럼 저도 과학을 제외한 다른 과목과 직업엔 관심이 안 생겨요. 명예와 부유보다 저에게 유일하게 필요한 것은 과학이에요."

아버지는 갈릴레이의 말을 조용히 듣고 계셨다.

"사랑하는 아버지, 저의 소원을 지원해주실 수 없나요? 저는 반드시 학자로서 성과를 내고 남보다 더 잘 살고 싶어요."

아버지는 갈릴레이의 열정에 감동하여 지원을 아끼지 않았다.

갈릴레이는 아버지를 설득하여 자기 꿈을 실현했다. 그는 아버지가 어머니를 사랑하는 마음과 자신이 과학을 사랑하는 마음에 비교하여 아버지의 이해를 얻게 된 것이다.

논쟁은 피해야 한다

모든 사람이 자신의 의견에 무조건 따라주면 좋겠지만 그건 불가능한 일이다. 그래서 설득할 때 논쟁은 어쩔 수 없는 과정이라고 여긴다. 하지만 논쟁으로 이어지면 감정이 격화되고 갈등만 키우는 상황으로 이어진다.

설득의 과정에서 상대의 반론이나 비판, 공격은 당연한 이해충돌이다. 반론을 받지 않겠다거나 정당한 비판을 받아들이지 않는 자세는 어떠한 말이나 상황으로도 정당화될 수 없다. 그러므로 설득하기 전에 미리 반대 의견을 짐작해보고 자신의 논리를 정리해야 한다. 말싸움을 준비하라는 것이 아니다. 자신의 의견에 더 확실한 근거와 자료를 챙겨야 한다. 상대를 설득하는 힘이 바로 거기서 나온다.

자극 요법이 통한다

자극 요법이란 모진 말이나 반어로 타인을 분발시켜 행동하도록 유도하는 방법이다. 금연을 유도하기 위해 담배 포장지에 망가진 폐 사진을 올린다든지, 경고문구를 넣어 흡연자들의 경각심을 자극해 금연을 실천하도록 유도하는 것이다. "계속 흡연하면 당신도 이렇게 된다. 무섭지? 무서우면 끊어라!"라는 부정적 자극 요법이다. "네게 이 정도는 무리지."라든가 "당신만 생각이 다르네요."와 같은 말도 여기에 포함된다. 상대의 자존심을 건드리려 불편한 심기를 유도해 설득하겠다는 의도이다.

긍정적 자극 요법으로는 "당신만이 ㅇㅇ하게 할 수 있죠."라든가 "네가 아니면 안 되는 일이야."라고 말하는 것이다. 이는 책임감이나 사명감을 자극하는 방법으로 상대의 자부심을 부추겨 설득하는 방법이다. 긍정적 자극이든 부정적인 자극이든 모두 자존심이 강한 사람들에게 효과적이다. 상대의 자존심에 적당한 자극을 주기 위해서는 다음 몇 가지 원칙을 적용해야 한다.

◆ 자극 요법의 사용은 사람에 따라 다르다

사람마다 심리적 감당 능력이 다르다. 그러므로 자극 요법을 사용할 때는 상대의 성격과 심리적 감당 능력을 고려해야 한다. 상대의 감당 수준을 파악하고 자극의 정도를 조절하자. 자신감이 부족한 사람에게는 자극 요법을 사용하지 않는 것이 좋다. 그들에게는 격려가 더 효과적이다.

◆ 자극 요법을 사용하는 타이밍을 노려야 한다

적절한 타이밍에 사용하지 못하면 자극 요법의 효력이 떨어진다. 상대가 좌절하고 있다면 좋은 타이밍이 아니다. 그때는 자극보다 위로와 격려가 더 효과적이다. 반대로 상대가 자신감이 넘칠 때는 자극 요법이 설득에 도움이 된다. 청소년은 이성 앞에서 자신을 표현하는 것을 좋아하므로 이성이 있는 상황에서 자극 요법을 사용하면 큰 효과를 낼 수 있다. 주의해야 할 점은 당신이 자극하려는 것에서 상대가 특기를 발휘할 수 있어야 한다는 것이다.

◆ 자극 요법을 사용할 때 분수를 지켜야 한다

자극 요법이라고 해서 아무 말이라도 다 통한다는 뜻이 아니다. 자극되지 않는 말은 당연히 효과가 없다. 그렇다고 각박하게 상대의 반감을 불러일으켜도 안 된다. 칭찬과 지적을 결합해서 사용해야 한다. 모욕적인 언어는 절대 사용해서는 안 된다.

자극 요법으로 상대의 두려움을 끌어들여라

설득의 대상이 평소 우려하는 상황이나 불안해하는 요소를 알고 있을 때 적용하면 유용하다. 설득의 아주 고전적인 수법이지만 설득의 효과에서는 탁월하다. 노후를 걱정하는 사람에게 연금 보험의 가입하도록 하는 것이 신형 자동차를 파는 것보다 훨씬 쉽다는 의미이다. 상대가 설득에 즉각적인 반응을 나타내고 효과가 탁월하다는 점에서 위력적인 방법이다.

두려움을 끌어들일 때는 설득의 폭이 넓어서는 안 된다. "이것도 좋고 저것도 좋다."라고 어떤 것을 선택해도 무방하다는 식의 접근으로는 상대를 혼란에 빠트릴 뿐이다. 비교 대상의 카테고리를 없애거나 비교 대상의 간극을 넓혀 선택이나 설득할 부분에서 차이점이 명확하게 드러나야 한다. 그래야만 상대는 자신의 선택에 확신을 가진다. 그로 인해 걱정에서 벗어나고 두려움을 극복한다.

설득은 말을 통해 이루어지지만 기 싸움이기도 한다. 상대의 감정을 자극하고 심리를 이용하면 돌부처도 돌아앉게 할 수 있다. 단, 상대를 파악하기 전에는 자극 요법을 사용하지 말자. 대화를 통해 상대의 심리나 성향을 파악한 뒤에 자극 요법을 설득의 전략 무기로 활용해야 한다.

설득하려면
덫을 놓아라

설득이란 사람의 생각이나 태도, 행위를 변화시키는 일이다. 상대의 마음을 설득하기란 매우 어렵다. 상대가 하기 싫어하는 일을 절대 강요해서도 안 된다. 상대를 설득하려면 약간의 기술을 활용해 자발적으로 행동하게 해야 한다.

상대에게 선택권을 더해주자

상대가 당신의 제의에 주저하고 결정하지 못할 때 도움을 주자. 상대가 할까 말까 망설이는 문제에 결정을 내려주라는 말이 아니다. "어떻게 하면 좋을까?"와 같은 질문을 하는 것이다. 이런 몇 가지 구체적인 방안을 제공해 선택의 길을 열어주면 된다. 다양한 방안으로 상대의 결정을 끌어내야 한다. 당신이 그 방안을 제공하는 것이므로 유리하게 상대를 설득할 수 있다. 다음의 예는 그것을 잘 보여준다.

시영의 시어머니는 평생 시골에서만 사신 분이었다. 그래서 도시 생활만 한 시영과 여러 면에서 관점의 차이가 많았다. 시어머니는 한동안 식욕이 부진하고 안색도 몹시 안 좋았다. 시영이 몇 번이나 병원에 모시고 가려 했지만, 시어머니는 "몸이 나아질 때까지 집에서 쉬면 된다."라고 말하면서 병원에 가려고 하질 않았다.

어느 날 아침 시영이 말했다.

"제가 오늘 쉬는 날이니 함께 건강검진 받으러 가셔요. 동네 병원이 좋을까요? 아니면 큰 병원이 더 좋을까요?"

시어머니는 머뭇거렸다.

"큰 병원은 시설이 좋고 어르신에게 매우 친절하다고 해요. 어디 가고 싶으신지 어머님이 정하세요."

"그럼 큰 병원에 가자."

두 개의 선택지를 주고 그중 하나를 고르게 한 결과이다. 사람들은 선택의 조건이 주어지면 다른 경우를 생각하지 않는다. 시영은 이 점을 염두에 두고 대화를 이끈 결과 건강검진을 할 수 있었다.

나아가기 위해 물러서자

당신의 요청을 상대가 받아들이기 어렵다고 예상되면 더 어려워하는 일을 제시하자. 상대는 당연히 더 어려운 요청을 거절한다. 그때 당신이 진짜 요구하고 싶었던 문제를 꺼내면 상대는 당신의 요청을 받아들인다. 더 어려운 요청을 거절한 뒤니까 상대적으로 더 쉬운 요청에 기꺼이 동의하는 것이다.

측은지심을 불러일으키자

평소 원칙을 중시하고 쉽게 양보하지 않는 사람에게는 논리적인 방법으로 설득하기가 무척 어렵다. 이때 가엾은 표정을 짓고 자신의 어려움을 토로하자. 상대의 측은지심을 불러일으키는 시도로 문제를 해결할 수 있다.

상대의 심리를 만족시키자

인간의 행동에는 동기가 담겨 있고, 동기의 바탕에는 욕구가 있다. 그러므로 사람의 욕구를 만족시키면 동기가 생겨 행동으로 옮긴다.

높은 모자 쓰는 것을 좋아하는 여성이 있었다. 그녀는 영화관에서도 모자를 벗지 않아 뒷좌석에 앉아 있는 관객의 시선을 가렸다. 영화관에서 모자를 벗으라고 요청했지만 듣지 않았다. 어느 날 영화관은 연로한 여성은 모자를 벗지 않아도 된다는 방송을 내보냈다. 방송이 나오자 높은 모자를 착용한 여성이 모자를 벗었다. 젊어 보이고 싶었기 때문이다.

사례에서 보듯 사람을 설득할 때 상대의 심리적 욕구를 정확히 파악하면 적절한 방식으로 그 욕구를 자극해 당신이 원하는 목표를 달성할 수 있다.

발생 가능한 결말을 추론하자

당신보다 직위가 높은 사람을 설득하는 것은 쉬운 일이 아니다. 그런 사람들은 일반적으로 인생 경험이 많아 자부심이 강하다. 자기의 주장이 확고하고 독단적인 면도 가지고 있다. 이 경우 당신은 상대의 평소 성격과 관념을 먼저 파악해야 한다. 그의 사고방식을 바탕으로 설득의 결말을 추론하고 설득의 방향을 바꾸어야 한다. 진실을 강조하는 사람에게 과장된 결과를 제시해서는 안 된다. 올곧은 사람에게 예외 규정을 제시하면 설득하기 어렵다. 상대가 가진 신념을 토대로 그가 선택할 수밖에 없는 간단하고 명료한 이유를 제시하자. 그래야만 그가 결정하기 쉽다.

비위를 맞추고
설득을 취하라

고집이 센 사람들이 있다. 이런 사람을 설득하기란 쉬운 일이 아니다. 이들에게는 목적을 직설적으로 표해서는 안 된다. 자신을 표현하고자 하는 욕구를 최대한 충족하도록 상대가 이야기할 때 끼어들지 않아야 한다. 상대의 말을 들으면 그의 성격이나 관심사를 파악할 기회가 생긴다. 이는 설득 작업에 크게 도움이 된다. 그의 비위를 잘 맞추어서 그가 듣기 좋아하는 말을 함으로써 설득에 성공할 수 있다.

상대와 논쟁하지 말자

상대의 주장에 동의하지 않더라도 그와 논쟁은 피해야 한다. 특히 상대의 말에 다른 목적이 담겨 있다면 당신은 더 신중하게 소통해야 한다. 상대는 자신의 목적을 달성하기 위해 논리적이고 이성적인 토론을 거부한다. 그는 자신의 요구나 부탁을 받아주기 원한다. 이때 자신의 생각을 피력해서는 안 된다. 일단 자리를 피하거나 대화의 주제를 다른 데로 돌려야 한다. 당신의 목적은 상대와 논쟁하는 것이 아니다.

칭찬을 아끼지 말자

고집이 센 사람은 칭찬받기를 좋아한다. 유심히 관찰하면 상대의 장점이 보인다. 상대가 자랑스러워하는 점을 발견해서 칭찬하자. 고집이 세고 주관이 강한 사람에게는 칭찬의 효과가 매우 놀랍게 나타난다.

내 뜻대로 움직이도록 유인하자

상대의 환심을 얻은 뒤 당신의 목적을 꺼내라. 단, 이전의 모든 노력이 물거품이 되지 않도록 상대에게 불쾌감을 주면 안 된다. 예를 들어 "나도 너의 관점에 동의하지만…….", "너의 입장을 이해하지만……."이라는 표현으로 접근하면 좋다.

먼저 상대를 존중하라

'존중'은 상대의 인격이나 사상, 행동을 높이 산다는 의미이다. 타인으로부터 존중받으면 심리적 안정감과 자신이 하는 일에 자부심을 느끼게 된다. 이런 심리를 심어주는 것은 설득의 유리한 바탕이 된다.

존중을 표하는 행위는 아주 사소한 인사부터 어려운 상황을 배려해주는 것까지 포함된다. 인사는 세계 어디서나 통하는 '존중'의 표시이다. 특별한 시간과 노력을 들이지 않아도 할 수 있다. 단, 설득을 목적으로 하는 인사는 일상적인 표현에서 벗어나야 한다. 날씨나 안부 정도의 인사보다 그가 낸 성과나 발휘된 실력 등을 토대로 인사말을 건네면 효과적이다. 상대는 관심의 표현으로 받아들이고 기분 좋아한다.

배려가 습관이 되게 하라

배려는 신뢰를 부른다. 생각보다 가장 간단하고 쉽고 빠르게 상대의 마음을 사는 방법이다. 배려에는 세심한 마음 씀씀이와 상대를 먼저 생각하는 이타심이 기본으로 장착되어야 하는데 설득하려는 목적으로 상대에게 집중하다 보면 잊기 쉽다. 배려가 습관처럼 몸에 배어야 하는 이유이다. 물론, 상대를 배려하다 보면 시간이나 마음 씀씀이에서 약간 손해를 볼 수도 있다. 경제적으로 보상을 받거나 이익이 되지도 않는다. 그럼에도 배려해야 하는 까닭은 당신의 언행에 따라 상대가 존중받는 느낌을 선물로 줄 수 있기 때문이다.

존중을 선물 받은 사람은 당신의 이미지를 좋게 새긴다. 눈앞에서 바로 그 결과가 드러나지 않더라도 유대감이 쌓이고 신뢰가 형성된다. 이는 보이지 않는 당신의 자산이 된다.

상대를
당신 편으로 만들어라

당신의 좋은 아이디어는 모두에게 유익하다. 하지만 아무도 들어주지 않고 오히려 잘못된 방법과 주장을 따르도록 강요한다고 생각해보라. 정말 화나고 슬픈 일이 된다. 이런 곤경은 당신의 말에 설득력이 없기에 유발된 상황이다. 설득력이 있는 사람은 조직행동학적 측면에서 자기 관점을 어떻게 어필할 것인지 안다.

보스턴 근교에서 병원을 하는 K 의사가 있었다. 그 지역 신문에는 돌팔이 의사의 거짓 광고들이 넘쳐났다. 그들은 완벽한 치료를 해주는 것처럼 홍보했다. 치명적인 부작용이나 문제점은 드러내지 않았고, 오로지 자기들만이 그 분야 전문가인 것처럼 과장되게 광고했다. 그로 인해 무고한 피해자들이 속출했다. 더 화가 나는 것은 그들의 치료법이 매우 저열해서 목숨을 잃는 사례도 발생한다는 사실이었다. 하지만 의료사고로 인해 법의 처벌을 받는 의사는 극소수에 불과했고 그마저도 대부분 벌금을 내는 정도에 그쳤다. 시민운동가들은 돌팔이 의사들에 대한 강력한 법 처벌을 요구하며 시위를 벌였다. 하지만 K 의사는 다른 방법을 택했다. 보스턴에서 발행 부수가 가장 많은 신문사 발행인에게 편지를 쓴 것이다.

저는 줄곧 귀사의 신문을 읽어온 충성 독자입니다. 당신의 신문이 자극적인 뉴스를 싣지 않고 사설도 아주 훌륭하기 때문이죠. 이 지역에서 가장 훌륭한 신문이라는 것은 의심할 여지 없는 사실입니다. 미국 전체를 놓고 봐도 이 신문과 우열을 다툴만한 신문을 찾을 수 없을 겁니다.

그런데 어느 날 밤 제 딸이 귀사의 신문에 난 지방 흡입 광고를 읽어주더군요. 그리고 당장 달려가겠다는 거예요. 딸은 다이어트에 집중하고 있었거든요. 그 광고만 봐서는 지방 흡입만이 다이어트를 가능하게 하는 것처럼 보였습니다. 몸이 뚱뚱한 사람은 게으르고 나태하며 삶의 의지가 없는 사람으로 표현되어 있더군요. 더구나 사회에서도 인정받지 못하고 따돌림 당하는 존재로 인식시키고 있었습니다. 문제는 여기서 끝나지 않습니다. 지방 흡입에 따른 부작용은 치명적일 수 있다는 사실입니다.

신문의 공신력을 믿고 있는 딸아이 앞에서 솔직히 저는 정말 난처했습니다. 제가 의사임에도 정말 어떻게 대답해야 할지 모르겠더군요. 이런 상황이 저희 집에서 생겼다면 다른 집에서도 유사한 일들이 많이 생겼겠지요. 만약 당신 가족이 이 광고를 보고 지방 흡입을 감행한다면 어떻게 하실 건가요? 당신이 만든 신문이니 객관성과 정확도가 보장된다며 흔쾌히 허락해주실 것입니까?

귀사의 신문처럼 우수한 신문에 이런 광고가 실려 부모들이 자녀가 보지 못하도록 막아야 하는 상황이 생긴다면 정말 유감스럽습니다. 아마 다른 수많은 독자도 저와 같은 생각을 하고 있을 것입니다.

이틀 후, 이 신문의 발행인이 K 의사에게 답장을 보내왔다.

친애하는 선생님, 당신의 편지에 깊이 감동받았습니다. 당신의 옳은 말에 저희는 결단을 내렸습니다. 다음 주 월요일부터 저희 신문에 모든 불합리한 광고가 사라지도록 노력할 것입니다. 물론 한 번에 완전히 사라지게 하기는 힘들겠지만 저희도 최대한 편집에 신중을 기하여 더는 독자들에게 어떤 불쾌함이나 불안을 주지 않도록 막을 것입니다. 다시 한번 감사드리며 앞으로도 본사 신문에 아낌없는 조언 부탁드립니다.

신문의 나쁜 광고를 정리하는 것은 사회에 막대한 유익을 주지만 많은 신문사는 이 주장을 받아들이지 않는다. 개인이나 단체, 기업이나 기관을 설득할 때는 합리적 의견으로 이 의견이 미치는 영향과 이익을 논리적으로 제시해야 한다.

사회적 규범을 활용하자

당신의 관점으로 상대를 설득할 때 사회적 규범을 활용해 공동의 지식을 형성하면 유리하다. 사회 전체적으로 인정되는 공동의 지식 관념을 찾아낸 다음, 어떻게 정보를 전달할 것인지 고민하고 고려해야 한다. 이때 다른 사람을 본보기로 내세우는 접근방식이 용이하다.

미국의 세무국이 납세신고서에 "10명 중 9명은 성실 납세자입니다."라는 표어를 추가했더니 세금 납부비율이 상승했다는 사례가 이를 증명한다. 객관적인 수치를 보여주고 다수의 행동을 가늠하도록 한 결과이다. 옳은 일이라는 판단이 서면 이를 보는 사람의 행동은 변화한다.

전략을 세우자

상대에게 미안한 마음이 있을 때는 사소한 것에도 긍정적으로 반응할 가능성이 커진다. 예를 들어 고객에게 청구서를 가져다줄 때, 나른한 시간에 먹을 수 있는 초콜릿을 함께 건네주면 팁을 주거나 팁의 액수를 높일 가능성이 큰 것과 같은 이치다. 분명히 당신이 원하는 목적을 성취할 수 있고 대화 향방은 당신 쪽으로 기운다. 주도권을 잡고 대화를 이끌어가면 상대를 설득시킬 확률도 높아진다.

잠재적 손실을 알려주자

어떤 선택을 했을 때 초래되는 잠재적 손실을 알려준다면 그는 강박을 느낀다. 어느 연구에서 직원들이 상사에게 새로운 기술을 시행하지 않으면 최대 수만 달러의 손실이 발생할 것이라고 설명했다. 이것이 수만 달러의 수익을 낼 수 있다는 설명보다 두 배로 잘 받아들여진다. 이렇게 기회비용을 설명하는 방식이 수익의 효과를 설명하는 것보다 설득력 있다.

공통적인 부분에서 하나가 되자

설득하는 과정에서 당신과 상대의 공통점을 찾으면 성공 확률은 배가 된다. 이때 서로 깊게 이해하고 같은 편이라는 전제가 깔려야 함은 당연하다. 공통된 목표를 공통분모로 가지고 있을 때 서로에게 도움이 되는 아이디어를 창조해낸다. 이를 통해 설득을 실현하고 상대가 행동에 옮길 수 있도록 이끈다.

강요는 설득이 아니다

대화에 임하는 사람이라면 다른 사람과의 교류에서 지지받고 협조받기를 기대한다. 협조를 얻으려면 당신에게 설득력이 있어야 가능하다. 당신이 세운 논리로 건의나 의견에 수긍하게 만드는 것은 생각보다 어렵다. 상대의 고착된 생각이나 견해의 방향을 돌리는 일이기에 아무리 선의를 전달하고 확고한 의지를 전달해도 마음먹은 대로 되지 않는다. 그래서 어떤 상황에서는 강압의 형태로 설득하려 든다. 하지만 이 상황에서 상대가 내 말에 따른다고 해도 이는 설득이 아니다. 당신의 말투에서 "무조건 받아들여!"라는 강제성이 내포되어 상대가 마지못해 따르는 것이다. 관계의 변화를 원하지 않기에 내가 하자는 대로 해주는 것이다. 이에 대해 유능한 변호사로 인정받는 H 변호사가 조언했다.

"상대를 압박하여 자신의 관점을 받아들이게 한다면 그 관점이 옳은 것이라도 상대의 반감을 불러일으킬 수 있고 당신에게 오히려 불리하게 작용하게 됩니다."

그는 우호적인 언어로 자신의 관점을 강력하게 표현하는 예를 들려주었다.

"당신이 미처 생각지 못한 이 부분도 고려해주시기 바랍니다."

"이 부분은 당신이 다시 한번 생각해보시면 도움이 되실 겁니다."

"충분히 고민했기에 이 일의 중요성을 누구보다 잘 아실 겁니다."

"제가 제시한 사실이 도움이 되길 바랍니다."

설득할 때는 공포감을 주는 언어를 사용하거나 다른 사람에게 자기 생각을 강요해서는 안 된다. 낮은 목소리로 조용하고 우호적인 방식의 말하기를 해야 한다. 그래야만 상대가 위화감을 느끼지 않고 편안한 상태에서 당신의 말을 받아들이고 동의하거나 공감한다.

설득의 세 가지 유형

누구도 자신의 결정을 바꾸기를 좋아하지 않는다. 부드러운 태도와 우호적인 권유를 받아들이고 싶어 한다. 그렇다고 부드럽게 건의해도 모든 상황에서 받아들여지지는 않는다. 다음 설득의 유형을 면밀히 알아보고 각 상황에 맞게 응용하자.

◆ **주장형 설득**

교섭이나 변론, 토론에 적합하다. 논리적으로 대화를 진행할 수 있고 상대의 불합리한 말에 반론이 가능할 때 이용할 수 있다. 이를 훈련하기 위해서는 말할 때 이유를 말하는 습관을 들여야 한다. 옳고 그름을 판단할 수 있는 객관적인 지식과 판단 근거를 제시하는 문제에 유리하게 사용된다.

◆ **제안형 설득**

설명회에 적합하다. 서비스 정신이 투철하면서 상대의 호기심을 충족시켜주는 대화에 능한 사람에게 유리하다. 질문을 받고 자세하게 설명하며 상대의 제안에 고민하고 연구하는 일을 즐겨야 피곤하지 않다. 사람들에게 관심받고 싶거나 인정받고 싶은 이들이 이런 대화와 설득에 적극적으로 참여한다.

◆ **유도형 설득**

업무 조정이나 관념 주입에 적합하다. 인간관계를 중시하면서 가볍고 자유롭게 대화하기를 좋아하는 사람에게 좋다. 상대와 허물없이 친밀하게 교류하도록 한다. 자신이 말하는 것보다 상대의 말을 잘 들어주고 어떤 문제를 바로 토론하기보다 사전에 생각할 시간을 주고 다음에 상의한다. 그래서 설득에 시간이 오래 걸리고 상대를 지나치게 배려한 나머지 자신의 주장이 약해진다는 단점이 있기도 하다.

자신의 말하기, 설득하기는 분명 어느 유형이 속해 있다. 그 유형으로 대화를 나눠야 마음이 편안하고 안정감이 들어 말을 더 잘하게 된다. 위에서 제시한 유형 중 어느 게 낫다고 볼 수는 없다. 다만 유도형 설득을 사용한다면 자신의 주장을 끝까지 밀고 나가는 법을 배워야 한다. 그렇지 않으면 내가 설득당한다. 다른 사람을 설득하려면 먼저 다른 사람이 내 말을 듣도록 만들어야 한다.

설득이 강요가 되면 그 설득은 실패한다. 특히 당신이 전문가의 입장에서 상대에게 접근할 때 주의해야 한다. 너무 많은 전문지식을 집중해서 설명하면 상대는 "내가 이 사람 말을 안 들으면 실패할 거야."라는 식의 중압감을 느낀다. 이것이 강요당하고 있다는 생각으로 전환되는 순간 상대는 자리를 박차고 나간다. 이때 당신은 변명할 것이다.

"제가 아는 지식을 모두 전해주고 싶었을 뿐이에요."

그러나 설득은 유창한 지식과 말로만 되는 게 아니다. 상대의 기분까지 살펴야 그 목적을 달성할 수 있다.

감정에 호소하지 말고 감정을 나눠라

설득에는 이성과 논리가 따른다. 논리에 부합하는 일을 논쟁할 때 사람들은 수많은 이유를 들어 자신의 설명이 완전무결함으로 인정하고 받아들이라고 주장한다. 하지만 바로 이점이 거부반응을 일으키고 반감을 사는 원인이 된다.

어느 가수가 인터넷에서 자신의 기사를 접했다. 과거의 사건을 언급한 내용으로 깊이 있게 다뤄지지 않았지만 사람들이 불미스러웠던 지난날을 떠올리기에 충분했다. 특히 문제가 된 건 황당한 표정의 사진이었다. 마치 잘못한 일이 자부심이라는 양 거만한 얼굴을 하고 있었다. 기사를 접한 사람들에게 배신감을 주면서 자숙하지 못하고 오히려 기세등등하게 행동하는 이미지를 심어줄 수 있었다. 가수는 신문사의 편집자에게 이메일을 보냈다.

"그 기사와 사진이 저의 마음을 아프게 합니다. 한때 미숙하고 잘못된 행동으로 사회에 물의를 일으킨 점을 깊이 반성하고 있는 와중에 이런 기사를 접하니 대중에게 부끄럽고 송구스러운 마음뿐입니다. 저를 배려해주신다면 그 기사와 사진을 내려주시길 부탁드립니다."

한때 대중의 인기를 얻는 가수였고 청소년의 우상이었던 그가 자신의 실수를 인정하고 죄책감을 안고 지내고 있다는 점을 편지에서 언급한 것이다. 이는 편집자의 마음을 움직이기에 충분했다. 당연히 그 기사는 삭제되었다.

사람을 설득하려면 반드시 감정 요소를 사용해야 한다. 당신의 생각이 얼마나 합리적인지, 얼마나 논리정연한지, 얼마나 많은 근거가 뒷받침되었는지 상관없이 상대의 마음을 움직이지 못하면 그 어떤 의견도 받아들여지지 않는다.

우리가 하는 결정의 90% 이상이 감정에 좌우된다. 감정으로 먼저 잠재적 결정을 내린 후 논리적으로 검증하는 행동을 취한다. 논리로만 사람을 설득하려면 당신이 이길 확률은 높지 않다. 위험한 사랑을 말릴 때 감정을 공유할 수 없기에 그 사랑의 무모함을 논리적으로 설명해도 설득하지 못하는 것과 같은 이치이다.

감정을 연결하라

다른 사람을 설득하기 전에 최대한 상대를 이해해야 한다. 상대가 당신을 신뢰하면 당신의 의견을 받아들일 가능성이 크다. 얼마 동안 알고 지냈는지 같은 만남의 시간은 중요하지 않다. 30분 내외의 짧은 시간이라도 신뢰를 쌓았다면 설득의 효과가 나타난다.

감정의 연결고리를 만드는 방법은 상황에 따라 달라진다. 아주 기본적인 방법은 "커피 한잔하실래요?"라고 묻는 것이다. 이는 '나는 당신과 대화를 나누고 싶어요.'라는 의미를 내포하고 있다. 그가 여기에 응한다면 상대도 당신과 대화를 이어가고 싶다는 의지의 표명이다. 함께 차를 마시면서 일상의 재밌고 도전적인 일로 대화를 나누고 적절한 의견을 제시하면 그가 훨씬 쉽게 받아들인다.

설득에 앞서 상대를 이해하는 것이 선행되어야 한다. 이해를 통해 신뢰를 쌓으면 그는 당신이 하는 말을 긍정적으로 받아들인다.

근거는 상대의 눈높이에 맞춰서 제시하자

명확하고 구체적인 내용을 상대가 볼 수 있어야 한다. 상대가 관심을 가지는 문제로 접근하고 그가 적극적으로 개입해 자신의 의견을 말할 수 있게 해주자. 상대는 자기 견해를 말하면서 감정의 파동을 일으키게 된다. 예를 들어 상대가 부동산에 관심이 많다면 요즘 부동산 정책이나 가격 변동으로 그의 호기심을 자극하면 된다. 그 후 당신의 대화 목적으로 자연스럽게 유도하자.

"제 의견 들어보실래요?"

"제가 고민의 해결 방법을 알려드릴게요."

이렇게 말해도 상대가 반응하지 않으면 충격요법을 사용하자.

"적금만 들어서는 절대 집을 살 수 없어요!"

상대에게 구체적인 행동 단계를 보여주면 설득에 유리하다. 상대에게 협조를 구하는 상황에서 그가 열정적으로 행동하게 하려면 그를 이해시켜야 한다. 당신의 의견이 왜 옳은지 사례를 들어 설명하면 좋다. 상대에게 검증된 효과를 보여주고 안정감과 확신을 주며 불안을 달래줄 수 있다.

상대를 먼저 인정하라

상대가 낸 의견이 당신 의견과 같다는 사실을 알려야 한다. 당신이 추진하는 일이 상대가 바라는 일과 같고 일치한다는 점을 알면 적극적으로 당신을 지지하게 된다. 다만 상대가 당신을 강압적으로 느끼게 해서는 안 된다.

설득을 계속하면 어쩔 수 없이 같은 말을 반복하게 된다. 그러면 상대는 지루함을 느끼는 동시에 '왜 이렇게 강조하지?'라고 의구심을 갖는다. 친근감이 형성되고 상대가 호의적으로 나올 때 더욱 조심해야 한다. 당신 의견에 확신을 주되 겸손하게 접근하자. 내 말이 진리고 모든 것을 아는 것처럼 굴어서는 설득에 실패한다. '저도 모든 것을 알 수는 없지요. 그러니까 같이 의견을 나눠보고 싶어요.'라는 마인드로 신중하게 말해야 한다.

상대에게 생각할 시간을 주자

사람들은 무언가를 못 하게 하면 할수록 더욱 하고 싶어진다. 다른 사람이 자신의 자유를 제한하려 들면 반항의 성질이 발화된다. 거부반응과 망설임, 주저함, 거절, 외면 등이 거기에 해당한다. 충분한 이유가 있어서가 아니라 단지 자신이 상황에 몰리는 것이 싫어 의견에 반하는 의사를 표시한다.

만약 강경하게 설득하면 상대의 반항 심리에 불을 지피는 꼴이나 마찬가지다. 강압적 자세로 말하거나 의견을 제시하면 상대는 '내가 왜 당신이 하란 대로 해야 해?', '당신 말이 무조건 옳다는 거야?'라고 생각하면서 뒤로 물러난다. 그로 인해 당신의 주장은 말하기 전의 원점의 상태로 돌아간다.

이런 반응에는 논리적 순환이 있다. 설득하기 전에 모든 결정이 상대의 손에 달려 있다고 알려주어야 한다. 그 후 논리에 근거하여 당신 의견의 장단점을 그에게 설명하자. 감정적 전략과 열정은 전염된다. 당신의 진심이 전해질 때 상대의 마음이 열린다. 그때 열정적으로 말하라.

초점을
상대에게 옮겨라

당신이 한 일에 대한 공격이 질문 형식으로 돌아오는 경우가 있다.

"내가 없으면 어쩔 뻔했어요? 당신은 아무것도 아니에요."

"당신은 정말 바보 같은 일을 했네요."

이런 논리도 없는 말을 듣게 되었을 때 당신은 침묵해서는 안 된다.

"지금 한 당신의 말은 스스로 생각해도 어이없지 않나요?"

"이건 최상의 결과예요. 바보 같다는 생각을 어떤 근거로 한 거죠?"

이렇게 묻고 상대가 자기 말을 변론하면 그의 논리가 타당한지 따져야 한다. 당신이 어떠한 변호의 행동을 보여도 상대가 억지를 쓰면 곧바로 방어하며 화를 내자.

"말도 안 돼요. 당신은 편협한 생각에 빠져 있어요."

모든 논쟁을 피하라

당신이 우위를 차지하지 못한 논쟁에서 벗어나고 싶다면 절묘한 말하기 기술을 익혀야 한다. 질문이 마음에 들지 않으면 대답하지 말고 되묻자.

"어느 부분에서요?"

"정확히 그게 무슨 뜻이죠?"

이렇게 하면 상대는 다른 방식으로 질문할 수밖에 없고 당신은 새로운 질문에 답을 하면 된다. 원래의 질문에 얽매이지 마라. 상대는 당신이 본래의 질문에서 화제를 돌리고 있다는 사실을 절대 알지 못한다.

어느 회사의 관리자가 팀장에게 물었다.

"직원들이 왜 업무 환경을 나쁘다고 원망하는 거죠?"

팀장은 이에 대한 해답을 찾아 전전긍긍했다. 그러다가 포인트가 없는 질문이라는 점을 깨닫고 관리자에게 다시 물었다.

"그게 정확히 무슨 뜻이죠? 누가 뭐라고 했나요?"

"어느 직원이 점심시간이 너무 짧다고 불평하더라고요."

팀장은 점심시간이 너무 짧다고 불평한 사람은 모두가 아니라 한 사람이라는 정보를 알게 되었다. 문제는 훨씬 간단해졌다. 팀장은 질문으로 범위를 좁혀나갔다.

"점심시간이요? 점심시간이 어느 정도면 좋겠다고 하던가요?"

이 질문을 되짚어보면 논쟁의 기운이 빠르게 사라졌다는 사실을 알 수 있다. 당신은 새로운 화제를 얻어 상대를 방어하는 처지로 몰아 상황을 구체적으로 이야기하도록 만들었다.

이런 방식으로 자기를 변호할 때 중요한 점은 당신이 질문을 피하고 있다는 사실을 상대가 몰라야 한다는 것이다. 부드럽게 초점을 옮기면서 건설적이고 자기에게 유리한 대화로 방향을 이끌어야 한다.

대답하기 곤란하면 다른 질문으로 연장하라

까다로운 질문을 받으면 주저하지 말고 말의 방향을 상대에게 돌려라.

"당신의 말은…… 그러니까 무슨 뜻인가요?"

이렇게 하면 질문한 사람이 답을 내놓는다. 마찬가지로 어떤 사람이 "당신은 이 일을 감당할 능력이 없는 것 같아요."라고 단정지어 말한다면 "당신의 말은 제가 이익을 최대한 내주기를 바란다는 뜻이죠? 맞나요?"라고 되묻자. 당신의 의지와 열정을 보여주면서 상대의 숨은 동기를 간파하는 능력을 발휘할 수 있다. 상대는 딱히 부정할 근거가 없기에 당신 말에 동의한다.

즉답을 피하고 생각할 시간을 벌어라

난감한 질문을 피할 수 없다면 즉답보다는 생각할 시간을 갖고 답변해야 한다. '대화 바리케이트'를 활용하는 방법이다. 상대를 잠시 멍한 상태에 빠지게 하는 것으로 부드러운 환각제 같은 작용을 한다. 상대는 당신이 무슨 말을 할 것인지 긴장한 채 머릿속이 복잡할 것이기 때문이다. 대화를 통제하고 싶거나 생각을 정리하고 싶다면 이 전략을 쓰는 것이 아주 좋다.

"당신은 왜 자신도 답을 알지 못하는 일을 질문했나요?"

"당신은 이런 근거 없는 소문을 정말 믿나요?"

"당신의 말은 이해했지만 그것이 사실인지 증명할 증거가 없네요."

"제가 당신 말을 믿어주길 바란다면 그렇게 말하지 마세요."

"당신은 무엇을 잊었는지 모르시나요?"

"당신은 자신이 무슨 생각을 하고 있는지 알고 있나요?"

이 질문들은 말을 돌리는 용도로 사용할 수 있다. 상대는 잠시 혼란스럽고 그 의미를 알기 위해 노력한다. 잠시 멍한 상태로 어떤 생각을 집어넣을 때 최면술사들이 사용하는 기술이기도 하다.

이러한 대처는 추상적이고 부정적인 문제에 얽매이지 않도록 만든다. 추상적인 질문에 좋은 대답을 하기는 불가능하다. 하지만 질문을 명확하고 구체적으로 만들면 대답하기 쉽다. 당신을 자극하는 질문요법에 속수무책으로 당하지 마라. 질문의 방향을 바꾸고 그 범위를 축소하고 나서 대답하라. 그러면 까다로운 질문에 대답할 사람은 당신이 아닌 질문을 던진 사람이다.

어떤 사람의 목소리는 중요한 언어적 기억이다.
우리는 평생 이런 정보를 수집하고 이 기억을 통해 그 사람을 인식할 수 있다.
심리학자 스티븐 주버트

제5장

강연편

대중 앞에서 말하기는 하나의 공연예술이다

AN ATTRACTIVE WAY OF SPEAKING

A PLEASING WAY OF SPEAKING

연설은 종합예술이다. 연설자는 자기주장을 전달하기 위해 감정 표현, 목소리 조정, 표정 관리, 의상을 기획하고 표현한다. 그래서 연설 자체가 창작물이다. 여기에 청중이 얼마만큼 호응하느냐에 따라 연설의 성패가 나뉜다. 훌륭한 주제를 청중과 효과적으로 소통하려면 연설의 기술을 익혀야 한다. 연설이 청중의 공감을 불러일으킬 때 예술이 된다.

시작부터
청중의 귀를 사로잡자

강연의 시작은 강연자와 청중 간의 관계를 맺는 중요한 단계이다. 시작 10분 이내에 청중들의 흥미와 관심을 끌어들일 수 있다면 강연이 순조롭게 진행될 가능성이 크다. 그러므로 강연 초반에 청중의 귀를 사로잡아야 한다.

이를 위해 적절한 개막사를 준비하자. 상대적으로 교육 수준이 낮은 대상의 경우 이해하기 쉽게 전문 용어의 사용을 자제해야 한다. 반면에 청중이 전문가만큼 지식수준이 높다면 주제를 깊이 파고들어야 한다. 연설에 전문 용어가 포함된 경우 연설의 시작 부분에서 청중에게 핵심 용어를 간단명료하게 설명해주는 것도 좋다. 청중과 원활한 소통을 원한다면 강연 전에 청중의 특징을 파악하자.

놀라운 경험적 사실을 진술함으로써 청중의 경이감을 불러일으키자

예를 들어 물 절약에 관한 내용이라면 "만약 모든 사람이 매일 물 한 방울만 절약해도 1년 365일 전 국민이 일 년에 절약한 물은 대형 저수지를 가득 채울 수 있을 것입니다."라는 말로 시작하면 된다.

강연하는 주제의 사회적 이슈나 개인적인 경험을 이야기하면 청중은 호기심을 나타낸다. 개개인이 경험하고 느낀 생각들이 다르기에 다른 사람이 전하는 일화에 관심을 드러내는 것이다. 더불어 청중은 강연자를 전문가로 인식하고 공감대를 형성하고 싶어 한다.

시작부터 질문을 제기해 생각을 자극하자

사람들은 주목하고 관심 있는 문제에 호기심을 드러낸다. 답이 궁금해서 집중하는 것이다. 단, 시작에서 던져진 질문은 참신해야 한다. 누구나 아는 답이 나오는 문제나 단조로운 문제는 안 된다. 개인적인 사소한 내용도 가능하다. 청중이 쉽게 답을 할 수 있는 질문이면 좋다.

예를 들어 "저는 ㅇㅇ시에 와 본 적이 있을까요?"라고 질문하자. 와 본 적이 있다, 없다 둘 중 하나의 선택이 가능하기에 청중에게 부담을 주지 않는다. 그러면서도 호기심은 자극된다. ㅇㅇ시에 와 본 적이 있다면 추억을 간단히 소개하면 된다. ㅇㅇ시에 처음이라면 이 강연 통해 좋은 이미지를 갖게 되었다는 말로 호응을 유도할 수 있다.

명언을 인용하면 청중에게 강한 흡입력을 준다

명언을 인용할 때는 반드시 상황에 부합해야 한다. 길거나 어려운 문장은 안 된다. 쉽고 간결한 문장이 강렬하게 꽂힌다. 또한, 유명한 사람의 말을 인용할수록 청중의 반응이 나온다. 하지만 아무리 유명인사가 한 말이라도 어렵거나 긴 문장은 오히려 강연의 흥미를 떨어뜨린다.

유머로 시작하자

청중에게 웃음을 주면서 주의력을 키울 수 있는 좋은 방법이다. 그러나 생각보다 유머가 어렵다. 유머를 대하는 사람들의 반응이 다양하므로 너무 가볍거나, 유치하거나, 비하적인 유머를 구사하면 강연장의 기류가 달라진다. 보편적이면서도 한 방에 빵 터질 수 있는 유머를 찾아야 한다.

생동감 있게 이야기하자

말투가 무미건조해서는 안 된다. 선택한 이야기는 반드시 연설 내용과 일치해야 한다. 같은 말을 반복하거나 한 자리에 서서 같은 톤으로 말하는 것은 지양해야 한다. 무대의 3분의 2 범위 안에서 자신의 동선을 정하고 말에 강약을 조절하는 게 좋다.

이익과 관련된 이야기로 청중의 관심을 불러일으키자

이익의 방향은 물질적인 것뿐 아니라 정신적 풍요로움까지 해당한다. 단어나 문장의 선택에서 이점을 고려한다면 청중의 집중력을 끌어모을 수 있다.

연설을 시작하는 방식은 다양하다. 강연자는 장소, 주제, 대상에 따라 적절한 방식을 선택하여 청중의 귀와 마음을 시작부터 사로잡자.

몸짓도
연설의 일부이다

당신이 하는 행동이 당신 인생을 증명한다. 몸짓을 이해하는 사람이라면 단 몇 분 만에 상대의 마음을 정확하게 읽어낼 수 있다. 사람은 언어 능력이 진화하기 전에 행동으로 자기 의사를 표현했다. 그러므로 강연자도 표정과 몸동작으로 청중의 생각을 해석해낼 수 있어야 한다. 이것이 가능할 때 청중의 마음을 읽고 연설을 효과적으로 이끌어 갈 수 있다. 마찬가지로 당신이 표현하는 몸짓을 청중이 해석한다는 사실도 기억하자.

몸짓은 상대를 이해하고 교류를 촉진하는 데 도움을 주는 도구이다. 이 도구로 청중의 마음을 사로잡는 방법을 고민해보자.

미소 유지는 불변의 원칙이다

강연자가 얼굴에 표정이 없거나 눈썹을 찡그리는 것은 청중을 혼란에 빠뜨린다.

'저 사람은 강연을 돈 때문에 억지로 하는 거네.'

'듣는 사람이 마음에 안 든다는 거야?'

'무슨 기분 나쁜 일이 있었나? 그렇다고 사람들 앞에서 저런 표정을 짓다니. 프로 의식이 없는 사람이군.'

청중이 이런 의구심을 갖는다면 연설은 성공할 수 없다. 자연스러운 미소는 열정과 우호의 상징이다. 미소로 청중과 소통하고자 하는 마음을 강력하게 보여주자. 그로 인해 청중은 기쁘고 편안한 마음으로 당신의 연설을 받아들인다.

열린 마인드로 무대에 서라

청중에게 열린 마인드를 보여주는 표현은 활짝 편 어깨이다. 움츠린 어깨로 등장하면 자기가 할 말만 전하겠다는 의미로 보인다. 어깨를 활짝 펴고 허리를 꼿꼿이 세운 자세는 '나는 이 자리에서 마음을 열고 여러분과 소통하고 싶습니다.'라는 당신의 심리를 전한다.

팔짱을 끼면 독단적이고 건방진 인상을 준다. '나에게 말 걸지 마시고 내 말만 들으시오.'라는 의미로 전해진다. 그래서 경계심이 매우 강한 사람으로 보이고 독불장군의 인상을 남긴다. 당신의 마음이 전혀 그렇지 않다면 동작의 표현에 더욱 신경을 써야 한다.

몸은 청중을 향해 기울여야 한다

연설자가 몸을 뒤로 기대고 있거나 손을 뒷머리에 대고 있으면 청중은 당황한다. 열의와 성의 없이 연설한다고 판단해 자리를 뜰 수 있다.

반면 몸을 자연스럽게 청중 쪽으로 살짝 기울이는 동작은 관심과 호의를 드러내는 표현이다. '저는 이 자리에서 연설하는 것이 좋아요.', '여러분 한 분 한 분이 소중해요.'라는 뜻이 전달된다. 그러면 청중은 당신 연설에 애정을 보낸다.

시선을 던져라

시선 교류는 눈을 통해 마음을 전달하는 강렬한 비언어적 정보이다. 시선을 주고받는 동시에 청중에게 우호적인 미소를 건넨다면 '나는 여러분과 친구가 되길 원합니다.'라는 적극적인 메시지를 보내는 것이다.

시선 교류는 억지로 하는 것이 아니라 자발적으로 해야 한다. 지나치게 능동적으로 시선을 주고받으려고 하면 자칫 의도적이고 형식적인 눈맞춤으로 해석되어 반감을 살 수 있다. 청중과 시선을 주고받게 된다면 모든 청중을 대상으로 고르게 나눠주어야 한다. 찰나의 시선 교환으로 청중의 심리를 포착할 수도 있다. 지루해하거나 의미 없다는 눈빛이면 유머나 재미있는 말로 잠시 주위를 환기하자.

질문에는 고개를 끄덕여주라

연설할 때 청중의 질문을 받게 된다. 손을 들고 질문을 던지는 것 자체가 용기가 필요한 일이다. 그러므로 연설자는 그에게 최대한의 예의를 갖춰 존중을 표해야 한다. 질의 내용에 고개를 끄덕이며 신중하게 듣는 모습을 보여주자. 질문의 내용을 이해한다는 뜻이기도 하면서 '계속 이야기하세요.'라고 격려와 동의한다고 보내는 신호이기도 하다. 이에 질의자는 더욱 힘을 얻는다.

마지막까지 열정을 유지하라

연설의 마지막에 이르면 연설자는 자신도 모르게 긴장이 풀린다. 조심스러워하던 말투나 행동이 느슨해지면서 지치고 힘든 내색이 나오기도 한다. 이는 스스로 다 된 밥에 코 빠트리는 격이다. 마지막 청중이 떠나고 당신이 강연한 장소를 떠날 때까지 완벽하게 열정을 유지하는 게 옳다.

어휘에
매력이 있어야 한다

어휘와 문장은 연설을 구성하는 기본적인 요소다. 세련되고, 논리적이고, 감화력을 갖춘 어휘는 매력적으로 들린다. 그러므로 강연자는 언어를 꾸미는 방식에 신경 써야 한다. 긴 문구와 짧은 문구 간의 결합, 비유, 과장 등 수식어를 적절히 활용해야 사람들이 감동하는 성공적인 연설이 된다.

수식어를 적절히 활용하자

청중의 관심을 끌고, 설득시키기 위해서는 다양한 수식어가 필요하다. 유명한 연설자들은 종종 비유를 통해 복잡한 문제를 간단명료하게 설명한다.

"저는 여러분이 여기 앉아서 제가 어떻게 공연하는지를 지켜보고만 있지 않았으면 좋겠어요. 여러분이 제 말을 경청할 수 있기를 바랍니다.

저를 배송 차량이라고 생각해주세요. 배송 차량이 여러분 집 앞에 도착했을 때 여러분의 관심은 차량의 외관이 아니라 차량에 실린 상품입니다. 때로는 낡은 차 한 대가 상당히 괜찮은 상품을 전달해줄 때도 있지요. 이처럼 이번 강연에서도 배송 차량의 외관에 지나치게 신경 쓰지 마시고, 차 안으로 들어와 상품을 보세요! 절대 실망하지 않으실 거예요!"

이처럼 오프닝에서 비유를 교묘하게 사용하면 강연에 청중의 기대를 끌어낼 수 있다.

여담은 쓸모없지 않다

여담餘談은 연설의 주된 내용을 돋보이게 만든다. 여담의 첨가로 편안한 분위기를 조성할 수 있으며, 강연자가 다시 본론을 얘기할 때 청중은 집중해서 내용의 흐름을 따라잡는다. 레이건 대통령의 한 연설의 도입부를 보자.

"황혼? 그럴 리가요. 저는 아직도 가끔 젊은 청년이라고 느껴질 때가 있어요. 이 청년은 동생과 누가 먼저 산에 올라가고, 수영할 수 있는 작은 계곡까지 먼저 뛰어갈 수 있는지 내기를 합니다. 어떤 날이든 새로운 날보다 좋지 못합니다. 우리나라에서 당신이 새로운 기적을 일으킬 수 있기 때문입니다."

레이건 대통령이 '황혼'으로 이야기를 시작했기에 여담처럼 보이지만, 이는 바로 뒤에 나오는 이야기를 위한 복선이었다. 레이건 대통령은 이어서 이렇게 말했다.

"우리는 우리가 사랑하는 사업을 위해 함께 싸웠습니다. 우리는 이

전투에서 물러나면 안 됩니다. 우리는 우리의 자유를 몇 번이고 또 몇 번이고 지켜야 합니다! 여기에 저는 제 번호와 주소를 남기고 싶습니다. 만일 여러분께서 병사가 필요하다면 언제든지 저를 불러도 좋습니다."

철학적인 언어로 주제를 끌어올려라

철학적인 언어에는 지혜가 담겨 있다. 강연자가 오프닝 멘트로 철학적 메시지를 말한다면 주제에 대한 연사의 깊은 이해를 보여주는 동시에 강연의 가치를 높일 수 있다.

"비록 나는 보잘것없지만, 현실의 먼지가 내 어깨에 가득 채우게 두지 않겠습니다. 나는 그 먼지들을 쉬지 않고 두드리면서 닦고 또 닦아낼 것입니다. 두 어깨에는 '책임'을 얹어 둘 것입니다.자신의 책임을 감당하는 사람은 보잘것없어도 강자입니다."

듣기에 따라 조금 어려울 수 있지만 철학적 의미가 담겨 있어 연설의 깊이를 더해줄 수 있다. 청중은 강연을 통해 이를 이해하려 한다.

끝까지 주제를 놓치지 마라

연설하다 보면 수없이 많은 메시지를 전달하고 싶어진다. 청중이 열심히 듣거나 집중력과 강연에 호기심을 보이면 자신도 모르는 사이에 흥분되어 곁가지 사례를 인용한다. 그로 인해 연설 주제의 관점이 흐려지고 모호해진다. 청중은 이를 빠르게 눈치챈다. 이제껏 보여 왔던 집중력이 순간에 흐트러지고 시계만 보게 된다. 산만하고 횡설수설하는 강연을 듣는 데 시간과 비용, 노력을 아까워하는 것이다.

그러므로 방대한 내용을 전달하려고 애쓰지 마라. 청중의 욕구를 채워줘야 하는 것이 연설의 목적이다. 그들이 원하는 내용을 알차게 구성하고 끝까지 그 주제를 놓쳐서는 안 된다. 그렇게 해야만 청중에게도 당신에게도 특별한 시간이 된다.

청중의 동참을 유도하라

강연 시작이나 강연 사이사이에 청중에게 질문이나 퀴즈를 던져보자. 간단한 게임을 진행해도 좋다. 강연 주제와 관련된 내용으로 구성하면 더욱 알차게 진행할 수 있다. 이런 게 자칫 지루해지는 분위기를 전환시켜주고, 즐길 거리를 제공하여 재미를 주며 메시지 전달까지 완벽하게 해내는 비결이다.

청중이 강연에 더욱 집중하고 참여하기 위해서는 동기 부여가 필요하다. 질문에 답을 하는 과정에서, 퀴즈 문제를 풀면서, 게임에 참여하면서 자연스럽게 이를 충족시킨다. 더불어 강연의 효과도 커진다.

질문의 요령을 터득하라

청중의 관심을 이끌고 주제의 이해도를 높이는 질문은 말처럼 쉽지 않다. 강연의 순간에는 연설자도 긴장하므로 질문을 사전에 준비하는 게 좋다. 전문 강연자들은 그 자리의 상황과 청중의 반응에 즉각적으로 질문을 쏟아내 웃음을 유도하고 집중을 불러오지만, 강연 경험이 적은 사람들은 당황스러울 뿐이다. 간단하지만 효과적으로 쓸 수 있는 질문의 요령을 배워두자.

청중이 아주 쉽게 대답할 수 있는 질문

◆ **"예", "아니요"로 대답할 수 있는 질문**

"날씨 참 좋지요?", "이 자리에 와 주셔서 감사합니다. 제 강연이 기대되지요?"라는 말과 같이 가능한 긍정적인 대답을 할 수 있는 물음을 던져야 한다.

◆ **생각을 유도하는 질문**

이 질문에는 청중이 답하지 않아도 된다. 다만 강연자가 던진 질문을 생각해보라는 의미에서 던지는 말이다. 이 경우 대답을 강연자가 말해준다. 강연자가 강연의 내용에 호기심을 갖도록 유도할 때 쓰인다.

◆ **틀린 답을 유도하는 질문**

청중에게 즐거움을 선물하고자 할 때 이용할 수 있다. 유머 코드가 있는 질문이 여기에 해당한다.

◆ **잘 듣고 있는지 확인하는 질문**

강연자가 주제를 청중에게 상기하고자 할 때 던지는 질문이다. 답은 강연 내용에서 찾을 수 있거나 관련된 상식에서 알 수 있어야 한다. 너무 심오하거나 전문적인 지식과 견해를 묻는 질문은 안 된다.

모든 질문에는 강연자의 의도가 있어야 한다. 주제를 효과적으로 전달하는 질문이면 금상첨화이다. 질문을 통해 청중의 이목을 집중시키고 강연의 질을 높이자.

3분 연설은
흥미롭다

연설이 꼭 장황할 필요는 없다. 회의, 경선 등 많은 자리에서 강연자는 제한된 시간 내에 자신의 관점을 표현하고 의견을 교환할 수 있으면 좋다. 이러한 연설은 시간제한으로 인해 매우 짧은 '3분짜리' 연설이 될 수 있다. 연설 시간이 짧다고 얕봐서는 안 된다. 이 짧은 시간이 말솜씨, 매너, 사상 등을 보여주는 기회이기 때문이다. 그렇다면 짧고 중요한 '3분' 연설을 어떻게 성공적으로 진행할 수 있을까?

사전에 충분한 준비를 하자

멋진 강연을 위해서는 충분한 준비가 불가피하다. 사전 준비에는 지식 축적, 발음 훈련, 언어 속도 조절 등이 포함된다. 그중 가장 중요한 것은 관련 지식의 축적이다. 미리 준비된 연설이든 즉흥적인 연설이든, 풍부한 지식이 없으면 멋있는 문장과 내용이 만들어지기 어렵다. 그러므로 평상시에 책을 많이 읽고, 다양한 지식을 배우고, 시사에도 관심을 두자.

연설 시간을 지키자

3분 연설을 진행할 때 간결한 표현으로 시간을 지켜야 한다. 제한된 시간을 초과할 경우 행사의 전반적인 계획에 차질을 주게 된다. 청중의 집중력도 유지되기 어렵다. 자칫 자기 과시로 보이거나 독단적이라는 이미지를 남길 수도 있다. 그러므로 시간을 지키는 훈련을 하면 좋다. 주제를 임의로 정하고 3분 동안 강연하여 시간 내에 명확하게 설명하지 못하는 부분을 확인하며 연습하자.

링컨 대통령은 취임 초기에 출신이 미천하다는 이유로 의원들의 비난을 많이 받았다. 어느 날 링컨의 연설이 시작되기 전에 명문가 출신의 한 상원의원이 일어나 말했다.

"연설을 시작하기 전에 당신이 제화공의 아들인 것을 기억하기를 바랍니다."

사람들의 웃음소리가 들렸다. 링컨은 웃음이 멈추기를 기다렸다가 여유롭게 연설을 시작했다.

"아버지를 생각하게 해주셔서 대단히 감사합니다. 이미 세상을 떠났지만 나는 반드시 당신의 충고를 잊지 않고 아버지를 영원히 기억할 것입니다. 맞습니다. 나는 제화공이 아들입니다. 아버지가 훌륭한 제화공이었던 것만큼 나는 대통령의 일을 그만큼 잘하지 못할 것을 알고 있습니다."

링컨은 말을 끊고 그 상원의원을 가리켰다.

"내가 알기로는 아버지가 당신의 가족을 위해 구두를 만들었는데 만약 그 신발이 발에 맞지 않는다면, 내가 그것을 수선해줄 수 있어요. 이는 상원의 모든 의원에게 적용됩니다. 하지만 한 가지 확실한 것은 나는 나의 아버지처럼 위대하지 않다는 것입니다."

악독한 비난에 직면한 링컨은 비꼬는 방식으로 대응하지 않았다. 그는 자신의 신분을 부끄러워하지 않고 오히려 아버지가 위대하다고 인정하며 대통령이든 제화공이든 다른 직업일 뿐이라는 메시지를 연설에 담은 것이다.

남다름을 보여주자

짧은 시간 안에 남들이 다 하는 이야기를 한다면 당신은 집중 받지 못한다. 남들이 관심 두지 않은 사항이나 외면 받았던 내용에 대해 새로운 시각을 제시해야 한다. 일반적인 사고를 전폭적으로 뒤집으라는 말이 아니다. 같은 기준이 아니라 창의적이고 독창적인 '주관'이 담겨 있는 연설이면 좋다. 당신이 제시하는 방식이나 아이디어가 다른 사람들보다 탁월하면 당신의 존재가 청중에게 각인된다.

이때 다른 사람의 의견이나 보편적인 생각을 부정하지 마라. 그들의 생각을 인정해주면서 다른 관점에서 바라보면 달리 보인다는 점만 인식시키면 된다. 청중에게서 '그럴 수도 있구나.', '그 부분은 생각지 못했네.'라는 식의 반응을 얻어내면 충분하다. 거기서부터 남다른 당신의 생각이 인정받기 시작한다. 그러면 당신의 이 짧은 연설은 성공이다.

주장만 하지 말고 증명하자

3분은 길지 않은 시간이다. 강연자는 시간에 쫓기다 보면 자기가 준비한 말을 다하지 못할까 봐 조급해진다. 머리에서 초침 소리가 들리는 것 같아 말도 빨라지고 두서없는 말을 하게 된다. 절대 이래서는 안 된다.

짧은 시간이니만큼 딱 한 가지만 중심으로 삼자. 그리고 그것을 뒷받침하는 근거들을 확실하게 보여야 한다. 주관적인 주장이어서도 안 되고 막무가내식 설득이어서도 안 된다. 객관적이고 정확한 근거제시로 논리를 확보해야 한다. 주장을 뒷받침해주는 자료만이 당신의 말이 옳다는 사실을 증명한다.

공감을
부르자

연설가의 목적은 청중을 설득하는 것이다. 자신의 주장에 공감을 불러일으키고 설복하도록 유도하는 것이 핵심이다.

1883년 엥겔스는 런던에서 열리는 마르크스의 장례식에 참석해 이렇게 말했다.

"3월 14일 2시 30분, 당대 가장 위대한 사상가의 사고思考가 영원히 멈추었다."

사상가의 죽음으로 그의 철학이 이제는 이어지지 않는다는 사실을 비유적으로 표현하며 애도한 것이다.

연설이 청중의 공감을 끌어내기란 쉬운 일이 아니다. 따라서 완벽한 연설을 위해 사전에 철저하게 준비해야 한다. 건축공사를 순조롭게 진행하려면 정확한 설계 도면이 있어야 하는 것과 같다. 연설의 목표를 명확하게 세우자. 목적이 구체적이면 연설의 모든 문장을 유용하고 정연하게 구현할 수 있다. 그로 인해 인상 깊은 연설이 된다.

마음을 사로잡으면 공감한다

어느 유명한 학자가 대학의 초청을 받아 강연하게 되었다. 강연장에 도착했지만 많은 학생이 복도에 서 있었다. 그들은 옆 동에서 진행하고 있는 아이돌 가수를 보러 가야 할지 강연을 들어야 할지 마음을 정하지 못하고 있었다. 학자는 즉흥적인 이야기로 연설을 시작했다.

"저는 학생 여러분을 칭찬하고 강연을 시작하고 싶습니다. 여러분이 가수를 포기하고 제 강연에 참석한 것은 진지한 고민과 선택을 했다는 것입니다. 음악공연과 강연 중에서 사람들은 보통 음악을 선택합니다. 하지만 여러분은 강연을 선택했죠. 아이돌과 학자 사이에서 아이돌을 더 보고 싶어 하는데 여러분은 학자를 선택했습니다. 이는 여러분이 제 강연이 노래보다 재밌고 제가 젊은 친구보다 매력적이라고 생각하신 것이라면 정말 영광이며 실망하지 않을 겁니다."

이 학자는 학생들을 칭찬하며 강연에 호감을 높였다. 학생들이 강연 듣기를 선택한 특별한 사람이라고 인정하며 그들에게 자부심을 심어준 것이다.

기대감이 집중력을 불러온다

연설에 대한 기대감이 청중을 그 자리에 부른다. 강연자가 유명한 사람이라면 개인적 호기심일 수도 있지만 그렇지 않다면 청중은 연설의 주제나 강연 내용에 기대를 건다. 기대가 크면 클수록 기대치를 올리고 자신이 원하는 부분을 완벽하게 채워주길 원한다. 그래서 강연자가 하는 말 한마디 한마디에 집중한다.

반면, 청중의 기대가 높다는 사실을 아는 강연자는 부담스럽고 혹시 실수하면 어쩌나 하는 불안감에 휩싸인다. 원고 준비를 철저히 하고 예기치 않은 상황에 당황하지 않도록 연습하는 이유이다. 청중이든 강연자든 연설에 대한 기대만큼 준비 단계부터 집중한다. 그러므로 초조해하지 말고 이를 즐기자. 며칠 전부터 긴장된다면 심호흡을 하고 마음이 편안해지는 음악을 들으면 도움이 된다.

청중과 소통의 기반을 마련한다

서로 통하는 사이가 되면 마음이 편안해지고 어떤 말을 해도 호응하고 긍정적인 반응을 보인다. 강연에서도 마찬가지다. 강연자는 청중과 신뢰감을 형성하여 소통의 기반을 마련해야 한다. 공감대라는 튼튼한 울타리가 만들어져야 강연시간 내내 즐거울 수 있다. 이를 위해 시작단계에서 공감되는 이야기를 빠르게 찾아야 한다.

보편적으로 대중이 공감하는 소재를 끌어와 이야기를 시작한다든지, 사회적 이슈나, 모두가 존경하는 인물을 공감의 소재로 삼아도 좋다. 가장 좋은 것은 감정이 통한다는 느낌을 주고받는 것이다. 날씨나 지역, 나이에 맞는 공감 요소를 찾으면 간단하면서도 빠르게 통한다. 다만, 공감대를 형성할 때는 어떻게든 주제와 연결해야 한다. 강연의 주제에서 동떨어진 공감대 형성은 연설에 도움이 되지 않는다.

말실수를 만회하는
묘책을 준비하라

말실수는 누구나 한다. 사적으로 사람들과 대화 나눌 때는 말실수를 해도 다들 웃어 넘어갈 수 있다. 그러나 연설 같은 공식적인 자리에서 말을 잘못하면 돌이킬 수 없는 실수로 남는다. 어떤 사람은 자신의 체면을 지키기 위해 말실수를 변명으로 일관한다. 그러다 결국 또 다른 말실수를 하게 되고 계속해서 자신의 이미지만을 깎아 먹는다. 또 어떤 사람은 말실수를 만회할 묘책을 알고 있어 자신의 실수가 웃음거리가 되지 않게 만든다. 그렇다면 연설하는 과정에서 발생한 말실수를 어떤 방법으로 만회할까?

사람들이 반응하기 전에 말을 수정하자

조지 부시 대통령은 정부의 반테러 결의를 강조하기 위해 이렇게 말했다.

"적은 수법을 변화하고 임기응변으로 대처하지만, 우리도 그렇다. 그들은 우리나라와 국민을 해치는 새로운 방법을 고려하는 것을 멈추지 않는다. 우리도 마찬가지다."

조지 부시는 곧 자신의 말실수를 알아차렸다. 정부가 국민을 해치는 방법을 계속해서 고려했다고 표현한 것이다. 다행히 청중은 이를 눈치채지 못한 것 같았다. 조지 부시는 바로 내용을 바꾸어 다시 말했다.

"우리 정부는 나라와 국민을 지키기 위해 최선의 대책을 끊임없이 생각해낼 것이다!"

오해의 소지가 있는 말은 가능한 바로 수정해야 한다. 정확한 뜻으로 바르게 전달하는 것이 말실수를 만회하는 방법이다. 또한, 말실수를 정정함으로써 진중하게 연설하고 있다는 이미지를 주고 신중한 사람이라는 인식을 청중에게 심어줄 수 있다.

표현을 바꾸어 잘못된 말을 지우자

자신의 말실수에 그 어떠한 변명도 하지 말자. 상대가 표현에 의구심을 가진다면 말을 이어가는 방법으로 말실수를 수정할 수 있다.

"그러니까 바꿔서 말하면……."

"방금 제가 한 이야기에 대해서 보충하자면……."

또는 다른 사람의 의견처럼 말할 수도 있다.

"이러한 관점을 갖는 사람이 있습니다. 그러나 제 생각에는 ……"

분명한 것은 말실수한 부분을 수정하여 정확하게 자기 견해를 전달해야 한다는 점이다.

말실수를 인정하고 솔직하게 사과하자

만회할 수 없는 말실수에서는 용기를 내자. 자신의 잘못을 인정하고 사람들에게 진심으로 사과하는 것이 가장 올곧은 방법이다. 자존심과 체면이 땅에 떨어지는 것처럼 보이지만 오히려 솔직함과 성실함을 보여줌으로써 청중의 호감을 얻는다. 더불어 말실수로 생기는 악영향까지 줄일 수 있다.

"정말 죄송합니다. 방금 저의 표현이 적절치 못했던 것 같습니다."

"제 말에 절대 다른 의도가 있는 것은 아닙니다."

"제 표현이 서툴렀군요."

이런 말도 연습해두자. 실수를 안 하는 것이 가장 좋은 방법이지만, 실수는 누구나 하기 때문이다. 다만, 말실수를 반복하면 안 된다. 말을 실수하면 누구든 긴장하게 된다. 다음으로 넘어가서도 실수가 머리에서 지워지지 않고 자꾸 괴롭힌다. 그러다 보면 또다시 말실수가 반복된다. 다음 내용을 잊는다든지, 자기 의견과 전혀 다른 내용을 말하며 실수에 실수를 보탠다.

말실수를 인정하고 정정했다면 의연해지자. 1, 2초간 심호흡을 하고 긴장을 풀어줘야 한다. 강연은 아직 끝나지 않았고 실수를 만회할 시간은 충분하다

마지막 말이
청중의 귓전에 맴돌게 하라

연설의 끝맺음은 강연의 하이라이트다. 마무리가 뛰어날수록 연설은 성공적이다. 강연의 시작과 중간 부분 모두 흥미롭지만, 마무리가 무미건조하면 청중들의 실망이 크다. 연설의 여운이 남는 마무리는 청중에게 깊은 인상을 남긴다. 그래야 성공적인 연설이 될 수 있다. 그렇다면 연설의 끝이 귓전에 맴돌게 하는 방법은 무엇일까?

적절한 방식으로 마무리 한다

좋은 끝맺음은 강연 주제를 깊이 이해하도록 돕고 깨달음을 준다. 따라서 강연자는 강연의 기교를 능숙하게 익혀야 한다. 더불어 연설의 시작부터 끝까지 내용의 구조를 고심하여 참신하고 뛰어난 끝맺음이 가능하도록 노력해야 한다.

강연 끝맺음의 유형은 다양하고 한 가지 격식에 제한되지 않는다. 강연자는 연설의 구체적인 시간, 장소, 주제, 청중의 특징, 자신의 개성에 따라 적합한 유형을 선택해야 한다.

예를 들어 강연의 내용을 요약하는 귀납적인 방식으로 연설의 끝을 맺을 수 있다. 또는 질문하는 개방형 결말로 청중에게 여운을 남길 수도 있다. 철학적인 명언을 끝으로 사용하는 것도 좋은 방법이다. 이렇게 하면 언어가 세련되고 생동감을 주면서 명언의 선택에 따라 청중에게 감동을 준다.

끝맺음에 유머러스한 양념을 더한다

연설의 끝에 유머러스한 말로 웃음을 더해주면 강연자도 청중도 흐뭇한 마무리가 된다. 단, 엄숙한 자리라면 절제하자.

어느 유명한 작가가 강연에서 "오늘 제가 여러분께 여섯 가지 문제를 말씀드리려고 합니다."라고 이야기를 시작했다. 그는 첫 번째부터 다섯 번째 문제를 정연하게 나누었다. 여섯 번째 문제를 시작하기 전에 작가는 시간이 얼마 남지 않았다는 것을 알게 되었다. 그는 당황하지 않고 말했다.

"여섯 번째 문제는 이제 시간이 다 되었다는 것입니다."

작가는 제한된 시간에서 임기응변으로 재치 있게 강연을 마쳤다. 이런 유머러스한 끝맺음을 사용할 때 주의할 점은 웃음 포인트가 자연스러워야 한다는 점이다. 자신만의 개성을 드러내면 더 좋다.

끝맺음은 간결해야 한다

연설의 마무리는 강력하고 깔끔해야 한다. 질질 끌면서 상관없는 이야기로 붙잡아서는 안 된다. 강연이 분명히 끝났는데 강연자가 끝없이 이야기를 계속한다면 청중은 일어난다. 이런 강연자는 언제나 이렇게 이야기를 한다.

"앞서 말씀드린 몇 가지 사항이 매우 중요하므로 덧붙여서 설명하자면……."

이러한 마무리에 청중은 집중력과 인내심을 소모하지 않는다.

즉석연설을 위해 평소 종합 능력을 익혀둔다

때로는 즉흥적으로 발언해야 하는 상황이 온다. 사전 준비 없이 대중 앞에서 말해야 하는 경우이다. 사람들이 가장 어려워하는 발언 형식으로 준비된 원고 없이 그 자리에서 내용을 최대한 빨리 구성해야 한다. 즉석연설을 통해 자신의 심리적 자질, 지식 축적, 말하기 수준 등 종합적인 능력을 보여준다. 그러므로 뜻을 제대로 전달하면서 조리 있게 말하는 규칙과 기교를 익혀보자.

적절한 키워드를 선택해야 한다

즉석연설의 핵심 키워드를 발견하자. 주제가 명확한 연설이든, 별도의 주제가 정해지지 않은 연설이든, 강연자는 하나의 핵심 키워드를 선택해야 한다. 키워드가 정해지면 그와 연관된 소재를 찾기가 쉽다.

수많은 소재 중 주제와 긴밀한 것, 자신이 숙지하고 있는 것, 청중들이 관심 있어 하는 것, 참신한 것으로 나누고 어느 카테고리의 속해 있는 소재를 이야기할 것인지를 정하자. 그러면 논리적으로 구성할 수 있다.

소재를 구성하는 것이 매우 중요하다

소재는 연설의 내용을 결정하는 기초이다. 즉석연설은 사전 준비가 불가능하기에 축적된 지식과 소재를 뽑아 연설해야 한다. 지지받을 수 있는 소재일수록 좋다. 이를 통해 청중의 호감을 얻고 좋은 인상을 남길 수 있다. 청중의 관점에 도움이 되지 않는 내용은 지루함을 유발할 뿐 주목받지 못하고 공감대도 형성하지 못한다.

물론 연설 소재도 즉석에서 취할 수 있다. 현장에 있는 사람이나 상황과 연결하면 연설 내용을 이해하는 데 도움이 된다. 연설자는 자신의 주장과 관점을 보여주기 위해 평소 알고 있는 사례나 데이터 등을 인용해 시선을 집중시키는 것이 좋다.

즉석연설은 짧은 시간에 자신을 인상 깊게 남겨야 한다. 그러기 위해 연설이 절정에 이르렀을 때 끝맺는 것도 유용한 방법이다.

제6장

토론편

논리적인 말은 토론의 비밀 무기이다

AN ATTRACTIVE WAY OF SPEAKING

A PLEASING WAY OF SPEAKING

☺

토론은 다른 견해를 가진 쌍방이 자기 의견으로 상대를 설득하는 논증 과정이다. 찬반 양쪽이 나뉜 상태에서 상대편을 설득하는 '경쟁적인 의사소통'이라고 한다. 그렇기에 토론자들은 서로 대립하고, 상대방 주장에서 잘못된 점이나 약점을 찾아내려는 비판적인 태도를 보인다. 이를 어떻게 방어하고 공격하느냐가 관건이다. 토론에 임하는 사람은 치열한 논리과정에서 승리하기를 원한다. 이를 위해 시기적절한 수단을 동원할 필요가 있다.

사전 준비는 필수다

유비무환의 진리는 토론에서도 통한다. 모든 일이 그렇듯 토론은 사전 준비부터 그 전략에 들어간다. 전문가들도 아무런 준비 없이 토론에 참여하면 낭패를 본다. 토론의 목적이 무엇인지, 토론의 방식은 어떠한지, 토론의 구도와 구성은 어떤지 미리 알아보고 그에 맞춰 준비해야 한다.

토론의 목적을 분명히 알자

토론은 논제에 찬성과 반대의 논리를 듣고 한쪽을 선택하는 과정이다. 일반적으로 토론 목적은 토론주제에 나타나는데 크게 네 가지로 유형화된다.

첫째, 문제 인식이 그 목적이다. 논제의 의미를 해석하고 새로운 시각에서 그 문제의 쟁점을 바라보게 하려는 의도이다. 그래서 문제의 배경과 그 의미를 파악하는 것이 토론의 목적이 된다. 토론자는 자신의 관점을 분명하게 갖는 것이 중요하다. 자신의 관점을 명확하게 드러내지 못하면 상대에게 휩쓸려 쉽게 설득당하게 된다.

둘째, 쟁점 분석이 목적인 경우이다. 우리가 잘 아는 찬반 토론이 여기에 해당한다. 하나의 문제를 인식하는 방법에 있어 대립적 가치를 찾아내고 그에 따른 이해 관계자 간의 논쟁을 제시하는 토론이다. 이 토론에서는 상대의 의견에 수긍하거나 자기 논리에 허점을 인정하면 그것으로 토론은 끝난다.

셋째, 대안을 모색하기 위한 토론이다. 어떤 문제에 대응할 방법을 찾기 위해 토론을 열고 창의적인 아이디어와 의견을 모은다. 토론자는 대안을 제시하고 그것의 우선순위를 정해 현장이나 제도에 적응할 수 있도록 만들어야 한다.

넷째, 성과를 평가하는 토론이다. 평가 기준 및 평가방법은 전문가적 기준이 요구된다. 관점의 차이로부터 생기는 논쟁을 비교, 대조해 객관적인 분석을 하자는 의미이다.

대립토론은 하나의 안건을 가지고 찬성과 반대 팀이 정해진 규칙을 지키며 심문 과정을 거친다. 토론의 목적을 분명히 아는 것은 기본이요 상식이다. 토론에 임하는 바른 자세이자 상대에 대한 예의이기도 하다. 더 분명한 것은 자신의 주장을 내세워 상대를 설득해야 한다는 점이다. 이를 위해 철저한 준비가 바탕이 되어야 한다.

상대의 반론을 예측하고 준비하자

토론은 자신의 의견만 주장하는 게 아니다. 상대의 주장에 반론을 제기하고 그 주장이 틀렸음을 계속해서 증명해야 한다. 토론이 흥미로운 이유이면서 어렵고 준비가 부족하면 치명타를 입는 이유이기도 하다. 그러므로 토론에서 이기려면 반박할 자료를 얼마나 철저하게 준비하느냐에 달려 있다.

토론에서 주장을 펼치는 시간은 짧게는 3분에서 길어야 8분이다. 그 시간에 자신의 주장으로 토론을 이끌어야 한다. 자기 의견을 뒷받침하는 객관적 자료를 조사하고 분석해서 임해야 한다. 주장만으로 상대를 설득할 수 없기 때문이다.

이때 전문가의 의견을 첨부하거나 공신력 있는 곳에서 발표한 자료가 있다면 크게 도움이 된다. 개인적인 경험이나 실제 사례도 자료로 인용되기는 하나 설득력이 약하다. 이러한 자료는 상대편에 대한 반론 제기에 유리하다. 상대는 논리의 허점을 파고들기 때문이다.

반론은 예상치 못한 부분에서 터진다. 그러므로 감정에 호소하거나 성급하게 일반화한 자료로 접근해서는 안 된다. 자신이 준비한 주장의 근거가 상대의 공략 대상이 될 뿐이다. 이를 위해 토론에 임하기 전에는 자신의 주장과 대립하는 상대의 주장이 무엇인지, 그 주장에 어떤 문제가 있는지 점검해야 한다. 반론에 대응하지 못하면 당신은 방패 없이 창만 들고 전장에 나가는 장수가 된다.

듣기부터
시작하자

토론은 주고받는 대화법이다. 자신의 주장과 의견을 설득력 있게 말하는 것도 중요하지만 상대의 말을 정확하게 듣고 논리적으로 분석하는 것도 말하는 것만큼이나 중요하다. 토론에 참가한 사람의 수가 두 명 이상이면 말하는 시간보다 듣는 시간이 더 길어진다. 막연하게 자신의 발언 순서를 기다리는 것이 아니라 상대의 논리를 들으며 허점을 파악하고 반론을 구상해야 한다. 자신의 논점과 상대의 논점의 차이를 빨리 분석해야 토론에 제대로 임할 수 있다. 그렇지 않으면 자기 발언을 하지 못해 토론에 참여한 구경꾼이 되고 만다.

듣는 방법이 따로 있다

TV에서 방송되는 토론을 통해 토론의 방법을 배울 수 있다. 발언은 자기 논점을 이야기하면 되지만 듣기는 간단하지 않다. 상대를 인정하고 존중하는 분위기를 만들어줘야 한다. 불필요한 동작이나 표정으로 상대를 혼란스럽게 만들거나 동조의 표시를 지나치게 많이 하는 것도 좋지 않다. 상대가 편안하게 자신에게 주어진 시간을 활용하여 논리를 펼 수 있도록 기회를 주면 된다.

듣는 사람은 말하는 사람을 주시해야 한다. 상대가 발언하고 있는 데도 다른 곳을 보고 있으면 그를 무시하는 행동이다. 또한, 시선을 아래에 둔다든지 물건을 만지거나 딴짓을 하는 경우 상대의 발언에 관심 없다는 인상을 주게 된다. 토론 자리에서 시선은 상대를 향해 있어야 한다. 눈을 마주치는 것이 좋다고 하나 서로 부담스러울 수 있으므로 눈 아랫부분을 바라보는 것이 좋다.

토론할 때는 상대의 반론이나 주장에 감정이 격해지더라도 표정에 그 감정을 드러내서는 안 된다. 무표정한 얼굴로 냉정함을 유지하라. 설령 상대의 의견에 동조되더라도 의연하게 표정을 관리해야 한다. 상대의 이야기가 길어지면 지루하다는 표현을 드러내는 사람이 있는데 이는 예의에 어긋난 행동이다.

상대가 발언할 때 당신은 책상이나 의자에 기대거나 불필요하게 몸을 흔들면 안 된다. 그렇다고 너무 경직된 자세로 있어도 불편해보인다. 이따금 몸을 움직여 긴장이 해소될 정도만 풀어주자. 오랜 시간 한 자세를 유지하는 것은 신체에 부담을 주거나 부자연스러운 자세로 다른 이들이 보기에도 불편하다.

상대가 당신 의견에 반론을 제기하는 경우 메모해야 한다. 메모의 모습만 보여도 상대는 발언을 조심하며 긴장한다. 이는 진지한 토론 분위기를 만드는 데 도움이 된다.

상대의 의견을 들으면서 내용을 요약정리하자

반론하기 위해서는 상대가 무슨 근거로 어떤 논리를 펼치는지 분석해야 한다. 상대방이 말하는 동안 핵심 단어나 그의 논리를 요약해서 메모한다. 머리에 기억해두는 것만으로는 정확하지 않을 뿐만 아니라 금방 잊어버린다. 또한 상대의 의도와는 다른 뜻으로 저장되기도 한다. 그러므로 반드시 펜을 들고 메모하자.

상대의 의견을 요약하지 않고 반론을 정리해두지도 않으면 중간에 말이 끊기거나 했던 말을 반복하는 실수를 범하기 쉽다. 하지만 상대의 의견을 메모해두면 반론할 때 자신의 의견을 논리적으로 말할 수 있다.

상대의 말을 끝까지 듣자

토론에 임하는 사람들의 자세는 비장하다. 꼭 이기고 말겠다는 의지가 표정에서 드러난다. 자신의 발언 차례가 오면 쉬지 않고 말한다. 어디 그뿐인가. 어휘도 공격적이고 단호한 단어를 선택한다. 강하게 말할수록 이길 확률이 높다고 여기는 데서 비롯된 언행이다. 여기에 더해 상대의 말이 끝나기도 전에 말꼬투리를 잡는다든지 끼어들어 자기 의견을 관철시키려고 한다.

다시 말하지만, 토론은 설득이지 말의 전쟁이 아니다. 상대의 의견을 끝까지 들어야 오류를 찾아 반론할 수 있다. 상대의 의견을 들으며 자신의 의견을 정리할 시간도 생긴다.

선제공격이
답이다

손을 먼저 쓰는 자가 유리하다는 말이 있다. 선제공격 방법이다. 무방비한 상대를 기습 공격하여 공격적인 기세를 취함으로써 상대를 수동적인 처지에 빠뜨릴 수 있다. 선제공격은 토론에서 가장 많이 쓰이는 전략이다. 토론 주제가 불리한 경우에 더 자주 쓰인다.

1986년 아시아 대학 토론대회에서 "해외투자가 개발도상국의 급속한 경제 성장을 보장할 수 있다."라는 논제가 주어졌다. 당시 홍콩 중문대학은 이를 찬성하는 쪽이었고, 싱가포르 국립대학은 반대하는 입장이었다. '보장한다'라는 내용이 반박당하기 쉽기 때문에 홍콩 중문대학이 불리한 상황이었다. 그때 홍콩 중문대학은 선제공격을 택했다, '보장'에 대한 정의를 먼저 내렸다.

"이 논제에서 '보장'은 100% 보증의 의미가 아닙니다. '승객들의 안전을 위해 문에 기대지 마세요.'라는 말과 같은 의미입니다. 문에 기대지 않는다고 해서 승객의 안전이 100% 보장된다는 것은 아닙니다."

홍콩 중문대학은 '보장한다'라는 의미를 먼저 규정함으로써 논점의 틀을 자신에게 유리한 방향으로 잡았다.

토론 시작 시점에서의 선제공격은 상대를 당혹스럽게 만든다. 상대의 관점을 반박하는 데도 효과적이다. 상대가 발언하기 전에 먼저 그의 논점을 비판함으로써 상대가 관련 논점을 내놓지 못하게 만든다. 물론 선제공격을 할 때는 상대의 논리를 정확히 파악하고 있어야 한다. 섣부른 선제공격은 상대를 제압하지 못하고 엉뚱한 공격에 그친다. 그러다 역습의 빌미가 되기도 한다.

메시지를 단순화하자

쉽고 간단하고 분명하게 메시지를 전해야 한다. 토론자들은 자신의 주장을 주어진 시간 안에 모두 쏟아내야 한다고 여긴다. 하지만 그들이 한 말 중 기억에 남는 메시지는 결코 많지 않다. 어려운 말을 사용하거나 구구절절 늘어놓는 어법은 오히려 토론에 방해가 된다. 강하게 전달하지 않으면 전달 효과가 보장되지 않는다.

자신의 논리를 전달하는 방법으로 두괄식을 택해보자. 발언하는 첫 문장에 핵심 메시지를 담는 방식이다. 이는 매우 강력한 전달 효과를 가져온다. 중심 문장을 먼저 말하기에 상대의 관심 끌기가 충분하다. 뒤이어 근거를 붙여 논리를 구체화하면 완결형 문법이 갖춰진다.

AREA 법칙을 이용해 사고의 논리성을 강화하라

AREA 법칙은 주제의 논리적 말하기 방식이다. 간단명료하게 자신의 주장을 요약해서 전하게 된다. 부연설명이나 구체적인 자료의 제시는 이후에 첨가할 수 있다.

◆ Assertion(주장) : 가장 앞자리에 두고 약 20자를 사용하여 자신이 제시하고 싶은 내용을 명확하게 말한다. 가능한 한 문장으로 처리해야 한다.

◆ Reason(이유) : 왜 그 주장을 하게 되었는지 나타낸다. 쉽게 말해 주장에 따른 이유이다. 뒤에 오는 근거자료는 이를 보충하기 위해 준비된다.

◆ Evidencd or Example(증거, 예시) : 실제적이고 구체적인 예시로 이유를 보충 설명한다. 객관적 자료를 바탕으로 상대의 공감을 끌어내야 한다. 그러므로 자료는 신뢰할 만한 자료여야 한다.

◆ Assertion(주장) : 다시 처음의 주장으로 돌아와서 앞서 말한 내용을 정리한다. 처음 말했던 주장을 강조하는 것이다.

이 AREA 법칙을 적용해 말하면 자기주장을 명료하게 드러낼 수 있다. 여기에 익숙해지면 토론에서 유리한 지점을 먼저 차지하게 된다.

직선보다
우회가 빠를 수 있다

토론은 주도권을 누가 가지느냐가 중요하다. 상대가 제기한 관점을 반박만 하는 것은 수동적인 행위이며, 상대의 페이스에 맞추어 가는 일이다. 아무리 반론을 잘하더라도 우위를 점할 수 없다. 강력하게 반박하는 동시에 자신의 논리에 상대를 끌어들여야 한다.

남을 조롱하는 것을 낙으로 삼는 사람이 있었다. 어느 날 그가 집 앞에서 죽을 마시며 당나귀를 타고 지나가는 사람에게 소리쳤다.

"저기! 와서 죽 좀 마셔!"

당나귀를 탄 사람은 예의가 바른 사람이었다.

"당신의 호의에 감사드리지만 저는 이미 아침을 먹어서 괜찮습니다."

죽을 마시던 사람은 피식 웃으며 말했다.

"당신에게 묻지 않았어요. 나는 당나귀한테 이야기한 건데요."

놀림을 당했다고 생각한 당나귀에 탔던 사람은 당나귀의 뺨을 때리며 말했다.

"집에서 나올 때 나는 너에게 마을에서 친구가 있냐고 물었는데 너는 없다고 했다. 친구가 아닌데 왜 너에게 죽을 주겠느냐!"

그러고는 당나귀를 타고 떠났다.

여기서 당나귀를 탄 사람은 직설적으로 죽 마시는 사람을 반박하지 않았다. 우회적으로 죽 마시는 사람과 당나귀가 친구 사이라 규정하며 당나귀를 때림으로써 상대의 무례함에 반박했다.

논쟁 과정에서 우리는 항상 공격적으로 나갈 수 없다. 주먹을 날리기 전에 먼저 주먹을 거두어야 하는 것처럼 공격을 위해 후퇴도 필요하다. 논쟁의 목표만을 명심하면 어떠한 방식을 사용하든 주도권을 장악하게 된다.

듣는 사람을 먼저 고려하자

논리력을 높이기 위해서는 자신이 말하고자 하는 내용과 순서를 총체적으로 파악하고 있어야 한다. 또한, 이를 정리하여 하나의 입체적이고 완벽한 이미지로 만들어야 한다. 그래야만 말하기 주제나 방식, 내용이 모두 명확해진다.

하지만 듣는 사람은 당신이 정리한 말의 구성과 내용을 이해하지 못할 수도 있다. 그 이유야 다양하겠지만 의미가 전달되지 않기는 마찬가지다. 이런 상황에서 듣는 사람이 장시간 집중할 수 있도록 부담을 최대한 줄여줘야 한다.

어느 회사가 정기적인 품질 점검을 마쳤다. 검사 결과를 가지고 회사 내 간부들이 모여 회의를 했다. 두 조사관이 결과를 발표했다. 먼저 직원 A가 보고한 내용이다.

"저희는 이번에 회사의 품질 점검을 꼼꼼하게 시행했습니다. 하지만 아시는 바와 같이 최근 우리 회사 제품의 소프트웨어 시스템에 문제가 발생해 많은 제품들이 리콜되고 있습니다. 최근 2년간 제품의 품질 불량으로 인한 리콜 수가 계속 늘어나는 추세입니다. 이는 결국 공장 품질 관리에 문제가 있다는 것입니다."

직원 A의 상황 설명을 받은 간부는 '공장 품질 관리에 약간의 문제가 있군.'이라고 생각했다. 그러나 직원 B의 보고를 듣고는 생각을 바꿨다.

"사실 품질 관리의 실제 상황은 아주 심각한 상태입니다. 최근 2년간 우리 회사 제품이 품질 문제로 리콜된 사례는 한 달 평균 3.5건씩 늘어났습니다. 재작년에 소프트웨어 문제로 리콜된 제품은 90개였지만, 작년에는 120건으로 늘었고, 올해는 6월까지만 해도 70건이 넘습니다. 12월까지는 150건에 달할 것으로 예상됩니다."

이때서야 비로소 간부는 회사 제품의 품질 문제의 심각성을 깨달았다. 이대로 가다가는 기업의 이미지까지 손상을 입겠다는 결과를 내다본 것이다.

직원 A의 말은 명확하지 않았다. 그는 너무 많은 상상의 여지를 남겼다. "많은 제품이 리콜되고 있다."라고 말하면 듣는 입장에서는 어느 정도인지 짐작하기 어렵다. 그래서 논리적인 말하기에서는 '많은', '여러', '다양'이라는 추상적 개념보다 정확하고 구체적인 수치를 제시해야 상대가 빠르게 이해한다.

정확하게 말하는 능력은 먼저 상대방이 단번에 척 알아들을 수 있도록 보여주는 것이다. 만약 다른 사람과 이야기할 때 그 사람이 무슨 말을 하고 있는지 끊임없이 추측해야 한다면 그의 말은 전달력에서 실패한 것이다.

딜레마 추론을
활용하자

집이 가난해서 책을 살 여유가 없는 아이가 있었다. 책을 읽고 싶은 아이는 서점에서 책을 봤다. 서점 주인은 책을 보기만 하고 사지 않는 아이에게 말했다.

"얘야, 책을 읽고 싶으면 사서 집에 가서 보는 게 좋지 않겠니?"

아이가 잠깐 생각하더니 대답했다.

"책을 읽어보지 않으면 어떤 책이 좋은지 아닌지를 알 수 없잖아요."

서점 주인은 화가 났다.

"네가 그동안 여기서 본 책들이 그렇게 많은데 그중에서 좋은 책이 하나도 없었니?"

아이는 차분하게 대꾸했다.

"서점에 좋은 책이 꽤 많아요. 하지만 좋은 책이면 저는 보고 바로 외울 수 있어서 살 필요가 없었어요."

"보자마자 외울 수 있단 말이야? 만약 내 앞에서 이 책을 외우면 내가 너에게 책을 공짜로 주겠다."

그 아이는 서점 주인이 지목한 책의 내용을 진짜로 외웠다. 결국, 서점 주인에게 똑똑하다는 칭찬을 받고 책을 받아 갔다.

여기서 중요한 것은 추론이다. 좋은 책이면 보고 바로 외울 수 있고, 안 좋은 책이면 살 필요가 없다는 것이다. 그러므로 책이 좋든 안 좋든 사지 않는다는 결론에 이른다. 이것이 바로 딜레마 추론이다.

딜레마 추론은 두 가지 서로 다른 가설을 제시하지만, 어느 쪽을 선택해도 결과가 같다. 이러한 사고방식은 토론할 때 많이 쓰인다. 상대에게 두 가지 가능성을 제기하지만, 상대가 어느 것을 선택해도 결과는 불리하다. 이를 통해 상대를 딜레마에 빠뜨리는 것이다.

딜레마 추론을 사용하는 예는 많다. 중국 서한의 문학가 동방삭이 한나라 임금 유철의 술을 훔쳤다. 불살不殺의 술이었다. 붙잡힌 동방삭은 자신을 변호했다.

"만약 이 술이 정말 사람을 죽지 않게 할 수 없다면 이것은 아무 쓸모도 없는 술이다. 그러므로 당신은 나를 죽이지 못하던가 나를 죽일 필요가 없다."

결국, 유철은 그의 말이 일리 있다고 여겨 그를 풀어주었다.

주의해야 할 것은 딜레마 추론은 사용 난도가 높아 구사하기 어렵다. 궤변 부리는 방향으로 발전할 가능성이 크다.

한 사람이 유명한 철학자를 스승으로 모시고 법률 지식을 배웠다. 둘은 학업이 끝나는 시점에서 절반의 수업료를 지급하고, 나머지 절반은 학생이 법정에 나가 소송에서 처음으로 이길 때 내기로 계약했다. 그러나 학생은 소송에 이기지 못해, 철학자는 나머지 학비를 계속 받지 못했다. 더 기다릴 수 없게 되자 철학자는 학생에게 나머지 절반의 학비를 지급하라고 법원에 고소했다. 철학자는 학생에게 이렇게 말했다.

"만약 네가 소송을 이기면, 우리의 계약대로 너는 나에게 나머지 학비를 지급해야 한다. 만약 네가 소송에 지더라도, 법정의 판결에 따라 너는 나에게 똑같이 학비를 지급해야 한다."

학생은 이렇게 반박했다.

"만약 제가 소송에서 진다면 계약대로 저는 학비를 지급하지 않아도 돼요. 만약 제가 소송에서 이긴다면 판결에 따라 저는 마찬가지로 선생님께 학비를 지급할 필요가 없습니다."

철학자는 이중기준을 사용해 자신에게 유리한 주장을 했다. 학생 또한 이중기준을 이용해 효과적으로 반박했다. 누가 옳은가.

비유와 유추를 활용해 공격하라

문학에서 비유는 언어의 장식으로 사용된다. 필요불가결한 요소로 사실상 시뿐만 아니라 모든 담화談話 양식에 없어서는 안 될 것으로 자리 잡았다. 그래서 요즘은 일상에서도 자연스럽게 비유가 쓰인다. 사물을 이용해 마음을 전달하는 표현이라 생동감이 있고 자극적이며 가시적이기에 말하는 사람의 의도를 쉽게 체감하고 공감하게 된다.

토론에서 단순히 논리만 설명한다면 말이 무미건조하고 지루해진다. 비유와 유추를 활용하면 이해가 쉽고 설명이 생생해진다. 자신의 관점과 비슷한 사례를 예로 들면 청중이 신속하게 이해하고 받아들인다. "돈은 만악萬惡의 근원이다."라는 관점을 반박한다면 상대를 사건에 직접 관련된 인물로 비유하며 상황을 묘사할 수 있다.

"오늘 당신이 길을 걷다가 강아지 한 마리를 보고 강아지를 발로 찼다.

이것은 도대체 당신이 폭력적인 성향을 갖고 있기 때문인가? 아니면 그 강아지가 당신과 금전 분쟁이 있기 때문인가?"

이로써 사람들이 악행을 저지르는 것은 돈과 전혀 무관하다는 것을 보여줬다. 금전이 개입하지 않은 문제에 폭력이 자행되었기에 모든 악의 근원이라고 볼 수 없다는 결론에 도달한다.

비유는 사물 간의 차이를 극대화하는 데도 사용된다. "도시에 있는 길강아지와 길고양이를 안락사시켜도 된다."라는 관점의 반대편에서 말해보자.

"상대편은 길강아지와 길고양이들은 마치 이동하는 생화학 무기로 보고 있다. 이는 우리가 평소에 자주 보는 놀라고 도망 다니는 작은 생명체와 너무나도 다르다."

비약이 심한 비유이지만 이렇게 반론하면 확실하게 반대되는 이미지를 만들어낸다. 그로 인해 발언의 호소력이 높아진다. 다만, 비유를 잘못하면 궤변의 함정에 빠진다. 예를 들어 어느 대나무 판매원이 "보호동물 팬더가 튼튼하게 자라는 이유는 대나무의 영양가가 높기 때문이다."라고 말하는 경우이다. 인간의 영양 수요와 동물의 영양 수요를 단순히 비교할 수 없기에 이러한 유추는 적절하지 않다.

논쟁에서 비유법을 사용할 때는 비유의 논리에 주목하자. 비유 대상 간의 유사점이 많을수록 좋다. 유사점들이 본질적인 속성일수록 논리적이고 설득력이 높다. 하지만 너무 큰 비약은 오히려 역효과가 난다. 화를 잘 내는 성격을 가진 사람이 "분노는 감정을 표출하고 털어놓는 중요한 방법이다. 저수지에 고인 물이 너무 많으면 물을 빼야 한다. 그렇지 않으면 저수지가 터져 주변 지역에 위험을 준다. 사람의 분노도 지나치게 억눌리면 감정이 한꺼번에 터져 자신과 타인에게 해를 끼칠 수 있다."라고 말한다면 어떤가?

물을 담아 저장하는 일이 저수지의 본질적인 속성이지만 인간의 본질적인 속성 또는 존재의 의미는 분노를 저장하는 데에 있지 않다. 사람의 부정적인 감정은 반드시 분노의 방식으로 해결해야 하는 것도 아니다. 그러므로 비유할 때는 상대가 반박할 수 있는 점을 미리 고려해 허점을 보이지 않는 것이 좋다.

비유의 방법을 익히려면 평소 유추의 논리를 가지고 옳고 그름을 판단하는 연습을 해야 한다. 토론은 빠른 반응을 요구한다. 비유 사용도 즉각적인 생각에서 비롯된다. 그로 인해 비유의 논리를 고려할 여유가 없다. 이는 실수로 이어질 가능성이 크다. 개인의 경험에 의존하기에 논리적 오류나 시대착오적인 발상, 의도하지 않은 인신공격이 되기도 한다.

그래서 비유 위주의 토론은 사안의 구체적인 논점을 흐려 어느 쪽이 더 그럴듯한 비유를 하느냐는 싸움이 되기 쉽다. 각종 전문 서적이 이해하기 쉬운 비유를 사용하지 않고 복잡하고 구체적인 전문 용어를 사용하는 이유 역시 정보의 손실을 티끌만큼이라도 막기 위함이다.

비유를 토론에서 이용하려면 미리 철저하게 준비하자. 여러 각도의 검증도 필수이다. 표현의 디테일과 전문성을 희생해 정보의 손실을 유발하는지, 자기의 주장과 논리에 부합하는지, 상대에게 반론 당할 여지는 없는지 등등 세심한 부분까지 고려해야 한다. 토론에 나온 쟁점들은 빨리 잊히지만 비유는 생동감이 있는 이미지로 각인되기에 쉽게 잊히지 않는다. 하지만 잘못된 비유는 오히려 자신의 허점으로 되돌아온다.

궤변은
궤변으로 막아라

토론은 상대의 논리가 성립되지 않는 것을 지적하며 자신의 논리에 당위성을 증명하는 것이다. 상대의 논점을 공격하는 방법 중에는 성립되지 않는 상대의 논증 방식을 가져와 똑같은 논리로 반박할 수 있다. 다음 사례를 보자.

목수 가정 출신의 유명한 작가가 있었다. 어느 날 작가는 부잣집 도련님을 만났다. 도련님은 이 작가를 향해 큰 소리로 물었다.

"실례지만 아버님이 목수라면서요?"

"네."

"그럼 왜 당신을 목수로 키우지 않으셨죠?"

상대의 무례한 질문에 작가는 미소 지으며 반문하였다.

"실례지만 선생의 아버지는 틀림없이 신사이시겠죠?"

"당연하죠."

"그럼 왜 그분은 당신을 신사로 키우지 않았나요?"

부잣집 도련님의 말에는 목수의 아들도 목수여야 한다는 터무니없는 논리가 내포되어 있다. 작가는 상대와 같은 논리로 교묘하게 상대의 말문을 막아버렸다. "그 사람의 도리로 그 사람을 다스린다."라는 말은 폭력으로 폭력을 제압하는 것이 아니다. 상대의 마음가짐이나 태도에 문제가 있을 때 이를 되짚어주는 것이다. 그런 상대에게는 논리적인 반박이 통하지 않기 때문이다.

또 다른 사례를 보며 당신이 판사라면 무엇이라고 반론하겠는지 생각해보자.

옛날 어느 도시에 악당이 있었다. 그는 늘 술에 취해 소란을 피우며 마을 사람의 정상적인 생활을 방해했다. 그의 횡포에 견디지 못한 마을 사람들은 신고를 거듭했다. 그러나 그가 몇 차례 법정에 섰지만, 이 악당은 궤변으로 자신을 변호하며 판사가 죄를 판정할 수 없게 했다. 얼마 지나지 않아 악당이 다시 체포되었다. 이번에 바뀐 판사는 매우 예리한 사람이었다. 악당은 법정에 올라 말했다.

"제가 우선 판사에게 몇 가지 질문을 해도 될까요?"

"이야기하세요."

"나는 포도 몇 근을 먹었는데 이것이 범죄인가요?"

"아니죠."

"내가 물도 좀 마셨다고 해서 죄를 범한 건가요?"

"그렇지 않습니다."

"죄가 없다면 왜 내가 물에 포도를 넣어 만든 술을 마시면 범죄자 취급합니까?"

이에 판사가 되물었다.

"이제 제가 몇 가지 질문을 드리겠습니다. 만약 제가 당신에게 물을 좀 뿌렸는데 이것이 당신을 병들게 합니까?"

"그렇지 않아요."

"그럼 제가 당신 머리에 찰흙을 뿌린다고 해서 당신을 병들게 하나요?"

"물론 아니죠."

"그럼 찰흙을 물에 섞어 벽돌을 만들고 당신의 머리를 때리면 어떤 결과가 나올까요?"

"벽돌이 내 머리를 분명 깨뜨릴 거예요! 나는 죽을지도 몰라!"

악당이 소리쳤다.

"당신이 언급한 술도 마찬가지입니다."

이에 악당은 빠져나갈 궤변을 찾지 못했다.

이상한 논리에 갇힌 사람에게는 합리적인 말이 통하지 않는다. 판사가 법 조항을 나열하며 악당에게 자신의 죄를 인정하라고 했다면 이전의 판사들과 같이 끝나지 않은 입씨름에 지쳐버렸을 것이다. 논리가 빠진 궤변에 당해낼 논리는 없다.

주도권을 장악하자

토론에서 선제공격은 우위를 점할 수 있는 비결이다. 하지만 선제공격을 하지 못했더라도 주도권을 충분히 장악할 수 있다. 상대의 선제공격을 통해 그의 기본 논리와 관점을 파악한다. 그 관점의 모순점을 찾아 집중적으로 반격할 수 있기 때문이다. 자신에게 불리한 상황에서 이러한 방법을 잘 활용하면 주도권을 역전하는 효과를 가져온다. 다음의 반론 방법을 알아보자.

침착한 반격을 통해 유리한 타이밍을 기다리자

토론의 형세가 불리할수록 침착함을 유지하자. 차근차근 이야기함으로써 상대의 공격 페이스를 늦추는 게 좋다. 상대의 리듬을 무조건 따라가지 말고 자신의 속도를 유지하면서 반박할 기회를 노려야 한다.

토론에서 상대가 우리에게 대답할 수 없는 질문을 던졌을 때, 모르는 것을 억지로 대답하는 것보다 상대가 지적한 주요 문제를 피하고 상대의 약점을 찾아 공격하는 것이 현명하다. 주의해야 할 것은 지나치게 자주 사용해서는 안 된다는 점이다.

상대가 문제를 제기할 때마다 회피하는 것은 논리가 충분하지 못하는 인식을 준다. 문제의 핵심을 놓치고 있다는 인상도 줄 수 있다. 여기에 상대 개념과 관점의 지적에 일리가 있지 않으면 상황은 더 불리해진다. 그러므로 자신에게 온 반론을 받되 냉정하고 차분하게 대답해주는 게 먼저이다. 그 후 날카로운 질문을 던져야 한다.

상대의 허점을 포착해 반격하자

아무리 강력한 상대라도 말에는 빈틈이 생긴다. 그러므로 자신의 관점을 제기하는 것도 중요하지만 상대의 발언에 귀를 기울여 논리 또는 논지의 허점을 포착해야 한다. 상대가 어떤 관점에서 접근하고 있는지, 논점이 주도면밀한지, 증거가 진실한지, 논리가 합리적인지, 개념이 정확한지, 모순점이 있는지 등을 발견할 수 있다. 이 중 하나만을 발견해도 강력한 반격을 전개할 수 있다.

지미 카터 대통령이 선거에 출마했을 때다. 카터를 트집 잡는 여성 기자가 그의 어머니를 인터뷰했다.

"당신 아들이 자기가 거짓말을 한다면 자신에게 투표 안 해도 된다고 했습니다. 아드님은 진짜 거짓말을 한 적이 없었나요?"

카터의 어머니는 침착하게 대답했다.

"아니요. 우리 아들은 거짓말해요."

기자는 흥분해서 물었다.

"어떤 거짓말을 했었나요?"

"선의의 거짓말이요. 몇 분 전 기자님이 우리 집에 들어왔을 때 내 아들이 '만나서 반갑다.'라고 인사한 거 기억하세요?"

기자의 공격적인 물음에 카터의 어머니는 당황하지 않았다. 기지와 재치로 기자의 말을 인정함으로써 오히려 주도권을 잡고 기자의 힘을 뺐다. 하지만 이렇게 대답하기란 쉽지 않다. 난처한 질문에는 누구나 당황한다. 특히 중요한 업무나 상황에서라면 그토록 말 잘하던 입도 닫힌다.

그러므로 까다로운 질문을 만나면 "당신의 말은 ㅇㅇ이란 뜻이죠?"라고 되묻자. 질문의 방향을 상대방에게 돌리는 것이다. 상대의 숨은 동기를 읽어내는 것이면서, 대답할 시간을 버는 방법이다. 상대가 눈치채지 못하게 질문의 범위를 축소할 수도 있다. 당신 질문에 상대가 부정할 만한 근거가 없어 동의한다면 준비한 대답을 해주면 된다. 이때 자신이 불리하다고 해서 변명하면 안 된다. 변명은 상대방이 옳다는 것을 증명하기에 당신의 퇴로가 막힌다. 차라리 솔직하게 인정하는 게 맞다.

나는 질문하는 방식을 사용하는 습관이 있다.
문제를 해결하는 방법과 더 빠르게 지식을 공유하는 방법을
다른 사람에게서 찾는 것이다.

하버드대학 교수 마이클 마크바트

제7장

협상편

협상 테이블에 올리는 말에 따라 결과가 바뀐다

AN ATTRACTIVE WAY OF SPEAKING

A PLEASING WAY OF SPEAKING

☺

협상에는 '대화'와 '결정'이 담겨 있다. '대화'는 말솜씨를 이용하여 자신의 관점과 요구를 표출하는 것이며, '결정'은 수집한 정보로 판단 내리는 것이다. 자신이 원하는 방향으로 협상하기 위해서는 상대의 말을 통해 심리를 파악하고 진정한 요구를 알아채야 한다. 이는 상대방도 마찬가지이기 때문에 단어의 선택이나 가벼운 농담도 신중하게 건네야 한다. 협상 테이블을 장식하는 것은 말의 기술이다.

상대의
허를 찌르자

전쟁 중 서쪽을 치기 위해서는 동쪽에서 소리 질러야 한다. 상대를 속이고 적을 혼란스럽게 하는 전술이다. 협상할 때도 이런 전략이 필요하다.

미국 한 협상가가 세미나를 주재하려 멕시코에 갔다. 호텔에 도착했으나 예약을 하지 않은 탓에 방이 없다는 사실을 들었다. 협상가는 호텔 매니저를 찾아 물었다.

"만약 멕시코 대통령이 오면 방이 있나요?"

"있습니다."

매니저의 대답에 협상가가 말했다.

"그럼 오늘 그가 오지 않았으니 제가 그 방을 사용할게요."

결국, 그는 스위트룸에 입실했다. 대통령이 오면 즉시 퇴실해야 한다는 부가조건이 붙었지만 말이다.

협상할 때는 목적을 분명히 기억해야 한다. 이 목적을 드러내지 않고 숨긴 채 협상의 방향을 잡아야 한다. 의도적으로 중요하게 생각하지 않는 문제로 끌어가고, 소소한 요구 사항에는 조건을 던지고 과감하게 양보하자. 이렇게 하면 상대는 협상에 승리했다는 만족을 느낀다. 그때 협상의 진짜 목적을 드러내고 문제를 제기하면 쉽게 합의에 이를 수 있다. 단, 전략을 펼 때 주의해야 할 점이 있다.

첫째, 초반에 논의한 문제가 자신의 주요 관심사가 아니더라도 상대에게는 이 문제를 매우 중시한다는 태도를 보여줘야 한다. 상대가 인식하고 있는 의제의 가치를 높여주고 당신이 이를 양보하면 상대는 더욱 만족한다. 작은 사안일수록 크게 양보하라.

둘째, 이 전략은 상대의 시선을 돌리는 일종의 속임수다. 만약 당신의 관심사는 상품 대금 지급방식이고, 상대의 관심사는 화물가격에 있으면 논점을 상품 주문량이나 포장운송 방식으로 유인하여 협상의 집중력을 분산시킬 수 있다.

셋째, 진정한 목적을 달성하기 위해서는 길을 깔아야 한다. 주요 문제를 토론하기 전에 상대의 허실을 정확히 파악하고 방해 요소를 제거하자.

넷째, 상대의 말을 신중하게 들어주자. 상대의 정보를 알아내고 시간을 벌 수 있다.

다섯째, 상대의 행동을 늦출 수 있다. 상대가 협상을 중단하려는 의도가 보이면 목적을 숨기고 양보하는 자세를 보여야 한다.

여섯째, 협상이 예상대로 진행되지 않는다면 다른 대책을 찾아 목적

을 달성해야 한다. 길을 하나만 정해놓고 가는 사람은 길이 막혔을 때 주저앉는다. 분명 다른 길이 있음에도 보지 못한다. 협상 또한 마찬가지다. 분명 여러 갈래의 차선책이 있다. 그것의 장점과 단점을 파악하고 대안을 마련해두는 것이 현명하다.

타이밍이 맞아야 한다

모든 전략에서 가장 중요한 것은 타이밍이다. 먼저, 상대가 한 발언에 대해 반응하고 싶다면 절대 그 면전에서 해서는 안 된다. 당신이 옳고 바른 생각이라고 해서 그 자리에서 언급하면 의도하지 않아도 일이 커진다. 며칠이 지나고 나서 말한다면 상대에게 줄 수 있었던 상처의 강도도 약화되고 그도 비판을 민감하게 받아들이지 않는다. 만약 다시 만나기 어려운 상대라면 이야기가 모두 끝나고 돌아가는 길에 다시 이야기를 꺼내는 것이 좋다. 갈등과 대립을 일으킬 만한 대화의 좋은 타이밍은 그 당시의 장소를 벗어났을 때다.

이는 고정적인 법칙이다. 어떤 문제든지 시간이나 상황적으로 비판을 빨리 꺼낼수록 상대는 자기 생각을 고집하고 변명한다. 목소리를 키우고 자기변명을 늘어놓을 것이다. 갈등의 골이 깊어진 뒤 헤어진다면 다음 만남을 기약할 수 없다. 당신의 입지는 좁아지고 외부에서 평가도 좋을 리 없다.

이해관계는
직설적으로 이야기하자

협상 과정에서 상대의 의중을 파악하고 공략할 수 있다면 최대의 이익을 얻을 수 있다. 그러므로 자신이 협상에서 무엇을 얻고 싶은지, 상대가 무엇을 원하는지 정확히 파악해야 한다.

우리나라 제약회사가 미국 회사와 공동출자하는 프로젝트 협상을 진행했다. 미국은 특허, 독점 기술, 상표 등 공업 재산권으로 주식을 사고자 했다. 회사 이윤에 영향을 주지 않으면서 자신들이 돈을 버는 방법이었다. 반면 우리 측은 미국의 요구를 받아들이면 매우 큰 손실이 날 수밖에 없었다. 우리 측 협상가는 이해관계를 진술하는 방식을 택했다.

"미국 상표 문제는 본 계약과 무관하다. 생산된 제품의 45%는 미국 측이 수출을 책임지고 있으며, 55%는 우리가 국내 판매를 책임진다. 국내 판매 제품은 미국 상표를 사용하지 않아도 된다. 수출 상품에 어떤 상표를 사용하는지는 미국 측에서 결정하는 일이기 때문에 공동 출자로 지급할 수 없다. 또한, 미국 측의 특허는 대부분 기한이 지났다."

이 몇 가지를 나열함으로써 문제의 본질을 포착하고 상대에게 강력한 반격을 주었다.

상대의 의중은 미리 짐작할 수 있고 협상 과정에서 상대가 스스로 드러내기도 한다. 이를 정확하게 인지하고 상대가 하는 논점의 실수, 증거의 결여, 논증의 편파 또는 협상자의 성격, 행동, 감정 등 약점을 발견해 협상의 돌파구로 이용하자.

주일 영국대사는 오만한 사람이었다. 그는 까다로운 문제에 부딪힐 때마다 "프랑스 공사와 이야기한 후 다시 이야기합시다!"라고 얘기했다. 어느 날 일본의 육군 대신이 영국대사를 찾아갔다.

"실례지만, 영국이 프랑스의 속국인지 여쭤봐도 될까요?"

"터무니없는 말이요. 만약 당신이 일본 육군 대신이라면, 영국이 프랑스의 속국이 아니라는 것쯤은 알고 있어야 하지 않나요? 영국은 가장 강한 입헌군주국 나라이고, 어떻게 다른 국가의 속국이 될 수 있단 말입니까?"

이에 육군 대신이 차분하게 말했다.

"저도 그렇게 생각합니다. 그러나 우리가 국가를 대표하여 국제 문제를 이야기할 때 당신은 항상 프랑스 공사와 논의해야 한다고 했습니다. 만약 영국이 독립적인 국가라면 왜 프랑스의 안색을 보고 행동해야 하나요?"

영국대사는 이에 답을 내놓지 못했다.

누구도 완전무결할 수 없다. 완벽하지 못하기 때문에 약점이 있을 수밖에 없다. 사례에서 볼 수 있듯이, 오만한 자의 약점을 잡아 반격하면 그의 기세를 꺾을 수 있다.

설득과 강요를 혼동하지 마라

다른 사람과의 협상에서 지지받고 협조받기를 기대한다면 당신에게 설득력이 있어야 한다. 당신의 건의나 의견에 상대가 수긍하게 만드는 것이다. 하지만 현실에서는 설득이 강압으로 변질된 강요를 자주 맞닥뜨리게 된다.

누구도 강요에 의해 자기가 한 결정을 바꾸려 하지 않는다. 부드러운 태도와 우호적인 권유를 받아들이려 한다. "무조건 받아들여!"라는 식의 공포감을 주는 언어를 사용하거나 자기 생각을 강요하는 어투나 표정, 행동은 상대의 반감을 불러일으킨다. 최대한 정중하고 배려하는 마음으로 다가서야 한다. 그렇다고 상대에게 무조건 맞춰주라는 말이 아니다. 상호간 이익을 위해 적당한 힘의 조절이 필요하다는 것이다. 협상은 말의 밀당이다.

인내하면
이긴다

협상의 마무리는 협상의 성패에 매우 중요하다. 협상가들은 각종 수단을 동원해 상대가 뒤로 물러나도록 노력한다. 의미 있는 양보는 이때 필요하다. 협상의 승리를 맞이하기 위해서는 인내심이 강해야 한다.

어느 국가가 미국과 미군 철수 협상을 전개했다. 협상이 진행되던 중 미국 대통령 선거는 결정적인 순간을 맞이하고 있었다. 이에 미국은 협상을 무기한 미룰 수 없었다.

미국의 협상가는 철수에 무관심한 자세를 취했지만 상대 국가는 미국 내 상황을 잘 파악하고 있었다. 이 국가는 인내심을 갖고 미국을 안정시키는 동시에 사소한 사건으로 시간을 끌었다. 미국이 더 기다릴 수 없는 상황에서 기회를 잡아 자국에 유리한 협상 조건을 내세웠다. 결국, 미국이 양보하여 양자는 결론에 도달했다.

때때로 협상은 인내심을 겨루는 과정이다. 먼저 인내심을 잃은 편이 협상에서 패배한다. 그러므로 인내심은 훌륭한 협상가가 갖추어야 하는 필수 요소이다.

A 의원이 의결안에 당에서 합의된 내용과 달리 반대표를 던졌다. 며칠 후 그가 속한 당 대표가 찾아와 배신자라고 비난했다. 하지만 A 의원은 원고를 작성하며 고개도 들지 않았다. 자기 할 일만 할 뿐 어떤 비난이나 당 대표의 험한 말에도 대응하지 않았다. 당 대표는 A 의원의 냉정한 태도에 더욱 화가 나서 악랄하게 욕을 퍼부었다. 사무실 직원들은 A 의원이 분명 잉크병을 던지며 화를 낼 거라 생각했지만 그런 일은 발생하지 않았다.

당 대표는 눈 하나 꿈쩍 안 하는 A 의원 앞에서 안절부절못하고 책상 앞에 서서 끊임없는 비난을 퍼부었다. 그러다 제풀에 지쳐 방을 나가려 했다.

"대표님, 왜 그렇게 서두르세요? 풀리실 때까지 마음껏 털어놓고 가셔도 돼요."

A 의원은 인내심이 강한 사람이었다. 그는 분노를 상대하지 않아야 당 대표가 제풀에 지쳐버린다는 걸 잘 알고 있었다. 당 대표는 A 의원이 어떻게 자신의 말을 반박할 것인지, 그 반박에 어떻게 반론할 것인지 미리 준비까지 했다. 하지만 A 의원이 자신을 상대하지 않는 상황에서 준비한 이야기를 하지 못해 더 화가 난 것이다.

협상에서도 이 의원의 방법을 활용하자. 상대의 일방적이고 무례한 공격을 외면하는 것이다. 승리하는 협상가는 상대가 조급해할 때 냉정하고 침착하게 문제를 고려한다.

특히 상대방의 의도를 잘 알지 못할 때는 말하지 마라. 많은 사람이 협상은 말을 많이 해야 이루어진다고 믿는다. 말을 폭포수 같이 쏟아내야 대화의 주도권을 잡을 수 있다며 상대에게 말할 틈을 안 준다. 하지만 상황을 잘 모르거나 상대의 감정 변화가 눈에 보이지 않을 때는 침묵이 좋은 피드백이다.

이때의 침묵은 "모든 화는 입에서 나온다."라는 말의 공포에서 벗어날 수 있게 만들어준다. 뿐만 아니라 상대의 긴장을 유발하며 당신의 보수적인 태도를 인지하게 만든다. 잠깐의 침묵이 분위기를 전환하는 방법이 되고 상대의 대답을 유도하는 길이다. 분명 상대는 당신의 침묵에 이 상황을 설명하려 할 것이다. 아니면 자신에게 맞는 화제를 골라 대화하려 한다.

서로 다른 환경과 조건에서는 같은 단어를 사용하더라도 수용할 때 차이가 난다. 이해와 느낌이 다르기에 받아들이는 정도의 차이가 있다. 이는 특수한 상황에서의 제약 때문일 수도 있다. 협상의 분위기가 완만하고 대화가 통하는 경우에는 문제 되지 않지만 그렇지 않은 경우 신중한 어휘선택을 위해 침묵하는 것도 바람직하다.

협상은 최종적으로 이루고자 하는 목적을 합리적이고 합법적으로 설명할 수 있어야 한다. 그러기 위해 전략을 구사할 수 있어야 하고 자신만의 비밀 병기를 가지고 있어야 한다. 침묵과 인내심은 최적의 무기이자 최상의 전략이 될 수 있다.

물러나며
돌진할 힘을 기르자

목적 달성을 위해 서둘러서는 안 된다. 물러서는 전략으로 여유로운 모습을 보여줌으로써 상대에게 압력을 가할 수 있다. 이를 통해 상대의 진정한 의도를 파악하고 협상의 주도권을 장악하게 된다. 어떤 방법으로 최후의 성공을 거둘 것인지는 기술적 문제일 뿐이다.

협상 과정에서 상대가 압박해도 절대 속지 마라. 협상에서 철수하는 것을 상대가 두려워한다면 이를 이용해 협상을 중단하고자 하는 자세를 보여줌으로써 유리한 위치를 점할 수 있다. 결국, 협상의 본질은 서로가 갖고 있는 정보, 자신감, 의지력에 대한 대결이다.

상대가 중요한 문제에 양보하기를 원한다면 절대 성급하게 행동하지 말자. 상대적으로 덜 중요한 문제에서 양보하는 자세를 먼저 보여줄 필요가 있다. 너무 쉽고 경솔하게 양보해서도 안 된다. 의도를 간파하지 못하도록 신중한 모습을 보이자. 상대에게 만족감을 주기 위해서는 그가 얻고자 하는 것을 노력해서 가질 수 있도록 만들어줘야 한다. 양보하기 전에 상대가 이를 얻기 위해 노력할 기회를 제공하면 좋다.

19세기 말, 어느 프랑스 회사는 콜롬비아 당국과 계약을 체결하여 파나마에 대서양과 태평양을 연결하는 운하를 뚫을 계획이었다. 공사는 일정대로 시행되었지만 파나마의 열악한 환경으로 공사가 진전되지 않았다. 그로 인해 자금이 부족해졌다. 프랑스 회사는 파나마 운하 회사를 1억 달러에 팔아야 했다. 미국은 전부터 파나마 운하 회사를 얻고 싶었지만 일부러 니카라과에서 운하를 여는 것이 미국에 더 경제적이라는 보고서를 제출했다. 1억 달러로 파나마 운하 회사를 사는 것보다 니카라과에서 운하를 뚫는 것이 비용이 더 적게 든다는 것이다.

프랑스 회사는 이 보고서를 보고 깜짝 놀라 가격을 인하해 4천만 달러를 제의했다. 그러나 미국은 여전히 만족하지 않고 법안을 하나 통과시켰다. 미국이 적절한 시기에 콜롬비아 정부와 합의를 이룰 수 있다면 미국은 파나마 운하를 선택할 것이며, 그러지 못하면 미국은 니카라과를 선택한다는 내용이었다. 결국, 콜롬비아 당국도 참지 못하고 운하 양쪽 3km인 운하를 100만 달러로 미국에 장기 임대하기로 동의했다.

미국은 유리한 협상 결과를 얻기 위해 물러서는 전략을 이용했다. 그 결과 매우 적은 비용으로 파나마 운하의 발굴과 사용권을 얻었다. 미국의 승리다.

정보를 흘리고 상대를 관찰하라

자신이 무엇을 원하는지, 그것들을 어떻게 표현해야 하는지 정확하게 알고 있지만 상대의 반응을 확신할 수 없을 때 사용하는 말하기 기술이 있다. 바로 '떠보기' 기술이다.

떠보기란 소소한 정보나 신호를 보내 상대의 반응을 관찰하는 것이다. 이런 전략은 정계나 비즈니스에서 광범위하게 사용되고 있다. 분열을 해결하는 방법을 제시하거나 의견을 드러내기 전에 상대의 의중을 체크할 수 있기 때문이다. 이로 인해 협상의 과정에서 상대가 받아들일 수 있는 한계를 찾아내는 것은 현명한 방법이다. 어떤 문제가 협상의 걸림돌이자 장애가 되는지 분명하게 알게 된다.

떠보기 기술을 사용하려면 당신이 흘린 정보에 상대가 어떻게 반응하는지 유심히 살펴야 한다. 긍정적으로 반응하는지 부정적으로 반응하는지에 따라 협상의 방향이 바뀐다. 떠보기 기술의 교묘함은 상대가 부정적인 반응을 보이더라도 당신은 선회할 수 있는 여지를 가지고 있다는 점이다. 그러므로 떠보기 기술을 사용하는 당신은 제안이나 제의 사이에서 유리한 입장을 만들 수 있다.

우리가 실천할 수 있는 떠보기 식 말하기 기술을 알아두자.

* ……라는 방법이 있어요.
* 우리가 ……을 시도해보면 어떨까요?
* 비슷한 상황에서 ……에 한 사람도 있다고 들었어요.

상대를 위해 미끼를 놓자

협상은 정보의 교류와 경쟁이다. 상대의 정보를 더 많이 파악하는 쪽이 협상의 주도권을 잡는다. 정치 협상이든 비즈니스 협상이든 상대의 정보를 수집하고, 분석하는 것이 매우 중요하다. 협상 당사자라면 자신이 가진 정보를 지켜야 한다. 그러나 정보를 사수하는 것에만 머물러서는 안 된다. 정보를 유연하게 활용해야 하며 적절히 '누설'하며 자신이 계획한 방향으로 상대를 유인해야 한다.

한 자동차 제조사와 기계 공장은 협상하는 과정에서 몇 차례의 흥정을 벌였다. 하지만 기계 공장이 제시한 가격이 자동차 제조사를 만족시키지 못했다. 자동차 제조사는 기계 공장을 설득할 수 있는 주장을 찾지 못하고 있었다. 이러한 교착 상태를 타파하기 위해 자동차 제조사는 다른 두 기계 업체와 관련된 영업 비밀을 적절하게 '누설'했다. 새로운 정보를 얻게 된 기계 공장은 자신이 양보하지 않으면 협상이 결렬될 수 있다고 판단해 결국 자동차 제조사의 요구를 만족시켰다.

정보 '누설' 사례는 실제 비밀을 공개하는 것이므로 어느 정도의 위험성을 감수해야 하고, 각별한 주의가 필요하다. 일부러 가짜 소식과 정보를 누설하여 상대를 미끼에 걸려들게 하는 '누설'도 있다.

2차 세계대전에서 연합군은 거짓 정보가 담긴 서류 가방을 일부러 전쟁터에 남기고 철수했다. 이 정보를 얻게 된 독일군은 결국 올가미에 걸려 큰 손실을 입었다. 거짓 정보를 유출할 때는 상대가 진위를 알아차리지 못하도록 해야 한다.

새로운 정보를 유입하라

협상의 당사자가 모두 자신의 주장을 관철시키고자 대립하고 있는 상황에서는 새로운 정보가 유입되어야 한다. 새로운 정보가 유입되므로 인해 양쪽 모두 이 정보를 기초로 원래의 결정을 재검토하게 되고 결정의 향방이 바뀔 수 있다.

새로운 정보가 당신에게 유리한 것이라면, 예를 들어 상대에게 투자한 회사의 대주주가 바뀌었고 하필 그 대주주가 투자에 불리한 대표자라면 상대방은 당신에게 쉽게 설득될 것이다. 새로운 정보를 소개하는 비교적 좋은 방법은 "그쪽에서 왜 그렇게 하려고 하는지 이해할 수 있어요. 하지만 저희가 방금 알게 된 새로운 정보에 의하면 우리는 다른 각도에서 문제를 바라봐야 해요."라고 말하는 것이다. 상대는 그 '새로운 정보'가 무엇인지 모르는 상태에서 자신들이 불리한 입장에 처해 있다고 여기게 된다.

제3자의 지원을 유입하라

협상의 대상자가 양보할 마음이 없다면 협상은 교착 상태에 빠진다. 이때 당신은 제3자를 끌어들이는 것을 고민해야 한다. 그 사람은 협상 당사자들을 잇는 우호적인 사람일 수도 있고 전문가나 지식과 식견이 높은 우수한 사람일 수도 있다.

당신의 관점을 지지하는 제3자의 유입은 상대에게 '내 관점이 정말 확실한가?'라는 생각을 유도한다. 따라서 주의할 점은 제3자의 지지를 끌어들일 때 현재 의제와 이해관계가 없는 사람이어야 한다는 것이다. 만약 대량 납품을 위해 어느 기업을 방문했을 때 당신이 데려온 제3자가 당신회사 대표나 간부 혹은 회사 관계자라면 협상은 오히려 당신에게 불리해진다. 상대가 마음을 닫고 강경한 태도를 취할 수 있기 때문이다.

협상에서 새로운 정보나 추세의 변화를 무시하고 자신들의 관점만 고수하면 이길 수 없다. 명백한 변화가 발생하거나 특수한 상황이 생겼다면 이 점에 대해 시간을 들여 생각해봐야 한다. 새로운 상황이나 정보를 쉽게 거절해서는 안 된다.

강약의 리듬을 타자

협상은 일종의 심리전이다. 똑똑한 사람은 강약을 잘 활용해 자기가 원하는 목표를 달성한다. 예를 들어 협상할 때 상대가 가져가는 직접 이익은 강한 요소이며 두 사람의 건강한 관계 유지는 약한 요소이다. 협상할 때 이 두 가지 요소를 적절히 사용하면 좋은 결과를 얻을 수 있다.

K 씨는 이직을 준비 중이다. 그는 지금의 회사에서 중요한 프로젝트를 완성해 큰 성과를 냈다. 하지만 그가 이직한다고 하자 사장은 성과급을 줄 수 없다고 했다. K 씨는 사장과 협상하는 자리에서 섣불리 칼을 꺼냈다가 본전도 못 찾고 물러나게 되리라 짐작했다. 그는 협상의 강약을 조절하기로 했다.

먼저 이익적인 면에서 그 프로젝트는 자신이 심혈을 기울여 성공시켰음을 명확히 밝혔다. 그는 프로젝트를 자식 대하듯 열과 성을 다해 매달렸음을 강조했다. 그는 사장에게 프로젝트의 결과에 만족하는지 물었다.

"당연하지. 그 프로젝트가 아니었다면 우리 회사는 지금 위기에 처했을 것이야. 그 점은 매우 고맙게 생각하고 있네."

"그렇다면 약속하신 성과급을 주시는 게 맞지요."

"허, 참. 성과급을 안 주겠다는 게 아닐세. 당장 돈이 없어 결산이 어려울 뿐이야. 그보다 당신 같은 인재가 우리 회사를 나가는 것도 아쉽고 말이야."

K 씨는 사장에게 악의가 없다는 사실을 알게 되었다.

"갑작스러운 통보로 사장님을 당혹하게 했다는 것 압니다. 우리 회사의 규모가 크진 않아도 오랫동안 여기서 일하면서 사장님이 직원에게 막 대하는 걸 본 적이 없습니다. 창업 초창기 시절의 비전을 떠올리면 사장님도 열정과 노력을 쏟은 일에 대가를 흔쾌히 지급해주시리라 믿습니다."

K 씨의 마지막 문장은 평범하지만 이런 말을 당당하고 대범하게 하는 사람은 많지 않다. 사장은 앞날을 응원한다며 당장 돈을 지급해주었다.

강력하게 자신의 이익을 요구함으로써 상대의 마음을 움직인 것이다. 나아가 절대 포기하지 않겠다는 태도를 보이면서 상대에게 심리적 압박을 가했다. 감정적으로는 매우 교묘한 방식을 사용해 사장의 마음을 흔들었다. 자기감정만 드러내는 것이 아니라 사업 초기의 열정을 회사에 쏟은 사장의 마음을 상기시킨 것이다.

협상할 때도 강약의 요소를 결합하는 방식으로 말하면 협상은 당신에게 유리하게 움직인다.

연봉 협상은 최대한 간결하게 하자

회사에서 열심히 일하고 능력을 인정받는 것은 연봉의 액수에 달려 있다. 만족할 만한 액수로 타협하기 위해서는 회사에 이익을 가져다주고 자신도 성장한 모습을 보여야 한다. 하지만 회사는 이익 창출을 목적으로 하기 때문에 직원의 급여비용을 줄일수록 좋다. 그래서 더 많이 받고 싶은 당신과 비용을 절감하려는 회사 측의 협상은 순탄하게 이뤄지지 않는다.

연봉 협상도 강약의 요소를 사용해야 빠르게 원하는 목적을 달성할 수 있다. 연봉을 올려달라는 요구는 당신도 말하기 불편한 요소다. 이런 화제를 꺼낼 때는 거창한 말로 설명하기보다 필요한 말만 간결하게 하는 게 좋다.

"도와주셨으면 좋겠습니다."

"저를 최대의 가치로 판단해주시기 바랍니다."

이렇게 말하면 상대를 존중한다는 의미가 전달된다. 그 후에 당신이 원하는 연봉을 정확한 숫자로 제시하거나 인상률을 언급하는 것이 바람직하다. 연봉을 올려달라는 요구를 단도직입적으로 하면 상대는 냉정하고 객관적인 기준을 제시할 것이다. 그러므로 융통성을 가지고 부드럽게 접근하자. 그 과정에서 당신 권리를 주장할 기회가 포착된다.

상대의 이익을 언급하자

협상할 때 사람들은 두 가지 방법을 사용한다. 하나는 상대가 결정하는 순간까지 자기주장을 거듭 말하는 것이다. 다른 하나는 상대의 뜻에 동조해주는 척하며 결국에는 자기 뜻대로 상대를 움직이는 것이다. 전자는 상대가 당신에게 강한 반감을 가지기 쉽지만, 후자는 상대가 설득당했다는 사실을 모르게 협상의 목적을 이뤄낼 수 있다.

중국 전국시대 책략가들이 쓴 《전국책》에 등장하는 다음 고사를 살펴보자.

동주에서 벼를 심고자 했으나 서주에서 물을 내보내지 않았다. 이로 인해 동주에 근심이 쌓였다. 그러자 소자가 서주군을 찾아갔다.

"지금, 크게 잘못 생각하고 계십니다. 물을 내보내지 않으면 동주에서는 벼 심기를 포기하고 물이 필요하지 않은 밀 재배로 바꿀 것입니다.

그럼 동주에 풍부한 식량 수입이 생기지요."

이에 서주군이 물었다.

"그럼 물을 내보내면 어찌 되느냐?"

"지금 물을 내보내셨다가 그들이 벼를 모두 심은 후 다시 물을 끊으십시오. 그래야 상황을 통제할 수 있습니다. 만일 대왕께서 정말 동주를 무너뜨리고 싶으시다면 지금 물을 내보내야 합니다."

서주군은 그의 말을 듣고 물을 내보냈다. 그리하여 협상의 결과를 동주와 서주에게 유리하게 끌어낸 소자는 양국에서 상금을 받았다.

서주 이야기의 도덕적 평가는 잠시 접어두고 협상의 각도에서 본다면 배울 점이 있다. 만일 상대의 이익에서 생각하지 않는다면 이 국면을 어떻게 타파하는 것이 좋을지 방법이 떠오르지 않는다. 상대의 입장을 고려하지 않은 협상 전략은 실패하게 마련이다.

일상이나 비즈니스 관계에서 협상할 때도 마찬가지다. 먼저 상대에게 이득이 되는 조건을 언급해야 한다. 간단해보이는 이 원리는 '나' 중심의 협상이 아니라 '당신(상대)' 중심의 협상이라는 점을 강조하는 것이다. 그로 인해 상대가 협상의 테이블에 적극적으로 참여하면 당신은 원하는 바를 성취한다.

유머로 협상 분위기를 조절하자

협상이라고 해서 엄숙한 분위기에서 날카로운 이야기를 주고받는 과정만 있는 것은 아니다. 공식적인 협상 자리도 있지만 일상에도 협상이 존재한다. 자신이 의식하지 못한 사이에도 어떤 협상의 참가자가 되기도 한다. 물건을 살 때 가격을 흥정하는 과정도 일종의 협상이고, 회사 면접에서 임금에 관한 이야기도 협상이다. 그러므로 협상을 한다고 해서 정색할 이유는 없다. 오히려 유머를 추가하면 긴장이 완화된다. 우호적인 분위기를 조성할 수 있으며, 갈등 해소도 가능하다.

진지한 태도로 본론만을 이야기하면 협상 분위기가 답답해진다. 상대에게 답답함을 주고 말이 통하지 않는 사람으로 낙인찍힐 수 있는 것이다. 이로 인해 협상이 중지되거나 합의가 미루어지게 된다.

화기애애한 분위기에서 합의 달성이 추진된다. 협상 당사자들의 이익 갈등이 심화되고 협력이 거부되는 상황에서 조화로운 분위기는 더욱더 중요하다. 협상이 진행되기 전부터 상대와 접촉하여 공통점을 발견하고 이야기를 나누면 협상의 결과도 바뀐다.

스토리가 가진 힘을
믿어라

설득과 협상은 우리의 일상과 밀접한 관련이 있다. 계약이나 업무 협력에서부터 작게는 가정 안에서 일어나는 소소한 일까지 모두 연관이 있다. 이를 조금 더 기술적으로 처리하고 싶다면 대화의 기회를 잘 활용해 상대의 결정을 바꿔야 한다.

수치나 데이터를 제시해 상대를 설득하려고 하면 분위기가 딱딱해진다. 그리고 그 자료가 결정적인 원인이 되어 마음에 없는 결정을 하게 된다. 그로 인해 자기 결정을 신뢰하지 못하고 잘못된 판단을 한 것은 아닌지 후회하며 결정을 번복할 수도 있다. 반면, 스토리를 이용해 협상과 설득을 하면 이야기가 가진 힘이 작용해 상대가 흔쾌히 결정하게 된다. 오히려 이런 선택을 하게 해준 당신에게 고마워할 것이다.

채소 재배의 전문가가 있었다. 그가 재배하는 상품은 유기농이라 가격이 비싼 편이었다. 그는 마케팅에 신경을 썼다. 먼저 고객을 확보한 다음 그들이 자녀를 데려와 농작물이나 과수를 따는 행사에 참여하도록 했다. 그런 다음 그들에게 고급 토사를 사용해 재배한 감자나 기타 농산물을 판매했다. 잘 관리된 농장의 모습을 직접 와서 본 사람들은 모두 만족하고 다음 해에 재배될 채소까지 예약했다.

어느 날 엄마와 아들이 농장을 찾아왔다. 엄마는 농작물 가격을 듣더니 따졌다.

"너무 비싼 것 아니에요? 유기농이라고 너무 폭리를 취하네요. 100% 유기농이 맞기는 한 거예요?"

현장에 있던 농장 직원은 얼굴을 붉히며 그 엄마와 말다툼을 벌였다. 직원은 재배 공법을 설명하고 비용을 가감 없이 보여주었다. 하지만 믿을 수 없다며 이렇게 가격을 부풀려 소비자를 우롱하는 처사를 당장 그만두라고 윽박질렀다. 그렇지 않으면 고발하겠다며 씩씩댔다. 이 둘의 다툼을 지켜보던 전문가가 나섰다.

"안녕하세요. 저는 이 농장의 책임자입니다. 여기 오시는 손님들의 돈이 얼마나 소중한지 저도 잘 알고 있습니다. 여사님을 보니 저도 어머니와 농장을 돌아다니던 때가 생각나네요. 저희 엄마도 제게 가장 좋은 것을 주려고 했지요. 좋은 것이라면 언제나 저에게 먼저 주셨어요. 세상의 모든 어머니가 그러시겠지요."

전문가는 잠깐 말을 끊었다.

"저희 농장은 어머니의 마음으로 채소를 재배합니다. 직원이 보여드린 농법과 비용은 최고로 신선한 채소를 키워내기 위해 들인 저희의 정성입니다. 이 농장에 오셨다고 해서 꼭 저희 채소를 구매하지 않으셔도

됩니다. 다만 신선한 채소를 시식해보시고 앞으로 어디서든 채소를 구매하실 때 그 맛을 기억하셨다가 좋은 품질의 제품을 사드시길 바라는 마음입니다."

전문가가 말을 마치자 듣고 있던 직원도 마음을 진정시키고 몇 마디 보충했다.

"많은 어머니가 말씀하시길 편식하는 자녀가 저희 농장에서 재배한 식감 좋은 채소들 덕분에 편식을 고칠 수 있었다고 하십니다. 그래서 저희 모두 책임의식을 가지고 일하고 있습니다. 조금 전에 마음 불편하게 해드린 점 사과드립니다."

그 엄마의 표정이 그제야 누그러졌다. 그리고 자신의 사정을 털어놓았다.

"지난번에 농장 체험을 했는데 물건을 사지 않는다고 투덜대고 버스 출발도 지연시키더라고요. 그때의 안 좋은 기억 때문에 오늘 판매행사에 대한 선입견이 있었네요. 죄송해요. 여기 채소는 품질이 진짜 좋더라고요. 저도 구매할게요."

이것이 바로 스토리의 힘이다. 전문가는 스토리를 구사하는 데 능한 사람이었다. 모든 사람이 자기만의 스토리를 가지고 있다. 그런데 사람들에게 공감을 살 만한 스토리를 찾은 후 대담하게 그것을 얘기하려면 기술과 용기가 필요하다.

스토리를 말할 때는 화려하게 말하려고 무엇을 더하거나 부풀려서는 안 된다. 원래 있었던 일 그대로, 진솔하게 중점만 얘기하면 그만이다. 만일 자기 자신의 스토리라면 감정과 색채를 가미해도 좋다. 다른 사람의 스토리라면 담담하게 전하고 듣는 사람의 반응을 기다리자.

스토리는 우리 자신이 직접 경험한 이야기, 전해들은 이야기, 지어낸 이야기 등 어느 형식이든 관계없다. 말하기 전에는 자신만의 스토리이지만 상대와 경험을 공유하고 감정의 공감을 불러온다. 그래서 자신이 알리고 싶은 내용을 재미있고 생생한 표현으로 전달하는 데 그치지 않고 강한 설득을 불러온다.

간결하고 힘 있는 말하기는 일종의 예술과 같다.
말을 반복하고 또 반복하는 사람은 뇌가 퇴화되는 중이 아닌 이상
영향력이 미미한 사람이다.

소통전문가 닉 모건

제8장

취업편

말로 자신을 보여주어야 취업의 문이 열린다

AN ATTRACTIVE WAY OF SPEAKING

A PLEASING WAY OF SPEAKING

취업을 준비하는 사람에게 채용시장은 기회이자 도전이다. 면접에서 자신의 재능을 최대한 보여줄 수 있어야 한다. 결국, 말솜씨에 따라 자신의 미래가 결정된다. 면접관이 요구하는 답을 찾기 위해 분투하기보다 자신을 어떻게 보여줄 것인지 고민하자. 자신의 가치관이나 신념은 외모나 행동으로 드러나지 않고 말로 표현된다. 당신을 선택할 수밖에 없는 말을 준비하자.

예의 바른 말이
취업을 좌우한다

예절은 취업 과정에서 간과할 수 없는 역할을 맡고 있다. 예의 바른 용어는 취업 성공에 큰 도움이 된다. 회사에는 다수의 사람이 근무한다. 예절을 갖추지 않는 사람이라면 질서를 무너뜨리고 갈등을 초래한다. 그러므로 회사에서 원하는 인재는 '능력'보다 '예의'를 우선해서 본다. 여기서 예의 바른 인상을 남기는 법을 알아보자.

겸손한 것이 좋다

면접을 볼 때 면접관에게 "안녕하세요"라고 인사를 건네자. 악수, 미소, 또는 고개를 끄덕임을 통해 예의를 나타낸다. 면접이 끝날 때도 인사를 하고 떠나야 한다. 면접관에게 좋은 첫인상을 남기는 비결이다. 첫 만남에 가능한 겸손한 인상을 남기자. 특히 면접관에게 질문할 때 태도가 공손해야 한다.

"구체적인 업무를 소개해주시겠습니까?"

"회사가 직원들에게 어떠한 복지를 제공하는지 여쭤봐도 될까요?"

"만나서 반가웠습니다. 기대하는 면접 결과를 기다리겠습니다."

몇 마디만으로도 면접관에게 교양 있는 느낌을 줄 수 있다.

너무 침묵하지 마라

내성적인 구직자들은 질문에 수동적으로 답하는 경향이 있다. 그러나 면접은 취업의 성공 여부를 결정하는 순간이다. 적극적인 태도로 자신의 견해를 보여주어야 한다. 그렇지 않으면 관심과 열정이 부족하다는 인상만 남긴다.

면접 과정에서 자신의 업적을 적당히 포장하자. 그렇다고 자신의 재능과 능력을 과시하고, 뽐내고 호언장담하면 면접관은 신뢰하지 않는다. 돋보이기를 좋아하는 사람은 팀워크에 적합하지 않다는 인상을 주기 때문에 취업의 기회가 상실된다.

일부 구직자는 면접관의 말이 끝나지 않았음에도 끼어들어 자기 의견을 말한다. 뛰어난 이해력을 보여주고자 하는 의도이지만 면접관은 무시당하는 느낌을 받는다. 말을 가로채는 것은 매우 예의 없는 행동이다. 면접관의 말에 적당한 호응을 보이며 존중하는 모습을 보이자.

자기중심적으로 이야기하지 마라

면접관이 '나'에 대한 이야기를 하라고 요구하지 않는 한 항상 자기중심적으로 이야기하지 마라. 면접의 본질은 구직자와 회사가 서로 알아가는 과정이다. 구직자는 면접관과 소통을 통해 회사를 이해하는 것이 중요하다. 대화 과정에서 상대의 반응을 살피고 상대가 관심 있어 하는 일에 초점을 맞춰야 한다.

어느 학생이 올해 대학을 졸업할 예정이다. 그는 전공 점수도 높고, 외모도 출중하여 반드시 좋은 직장을 찾을 수 있으리라 믿었다. 그러나 일 년이 지나도 그는 여전히 취업 준비를 하고 있었다. 알고 보니 이 학생은 자기중심적이며 예의를 중요시하지 않았다. 그는 면접에서 자신이 알고 싶어 하는 것을 매우 직설적으로 물었다.

"급여는 얼마죠?"

"보험은 어떻게 해주나요?"

"숙박은 제공하나요?"

"승진은 어떻게 할 수 있나요?"

이런 이기적인 인상의 결과는 뻔하다. 이 학생이 외국 기업에 면접을 보러 갔다. 그는 면접에서 유창한 영어 실력을 보여줬고 면접관도 아주 만족했다. 대화가 진행되는 과정에서 그의 핸드폰이 울렸다. 이때 그 학생은 사과의 말도 없이 일어나 전화를 받으러 나갔다. 다시 제자리에 돌아온 그는 면접관에게 "You can go on(말씀 계속하세요)."이라고 말했다. 당연히 그는 채용되지 않았다.

그렇지만 이 학생은 자신의 잘못을 알지 못했다. 면접 본 기업에 전화를 걸어 자신이 채용되지 못한 이유를 물었다.

"왜 발표된 명단에 제 이름이 없죠? 제가 다른 사람보다 어디가 부족해서 그런 거죠?"

이 학생의 예시는 매우 극단적 사례이기는 하지만 자기중심적인 인식은 순간의 실수, 돌이킬 수 없는 판단착오를 불러온다.

취업할 때 업무능력이 가장 고려되겠지만 예의는 기본이다. 회사는 기본이 되어 있지 않은 사람에게 능력을 기대하지 않는다. 기억하라. 면접관의 호감을 얻는 방법은 예의 바름에 있다.

자신의 매력은
말이 보여준다

면접은 지원자가 기업에서 일을 함께할 수 있는지를 결정하는 행위다. 그래서 지원자들은 자신의 재능과 지혜를 드러내며 인정받기 위해 노력한다. 면접은 대화로 진행된다. 따라서 말하기 능력에 따라 당락이 결정될 수 있다. 기업이 원하는 인재상을 말로 보여줌으로써 인정받게 된다. 그렇다면 아주 짧은 면접에서 자신의 매력을 돋보일 수 있게 하는 말하는 법을 배워보자.

◆ 이야기에 자신만의 관점이 있어야 한다

이를 위해 전문분야뿐 아니라 시사나 교양의 지식 축적이 필요하다. 제한적인 지식만 가지고 있다면 질문의 내용에 충분한 답변을 못 하게 된다. 질문에 자기 관점을 드러내지 못하면 배경 지식이 없거나 생각의 폭이 좁은 사람으로 인식된다.

◆ **정확한 표현을 위한 단어 선택에 신중하라**

단어 선택이 적절하면 면접관의 질문에 더욱 정확한 답을 줄 수 있다. 자신이 말하는 내용의 의미 전달도 더욱 분명해진다.

◆ **말의 맥락을 분명하고 일리 있게 말하자**

질문에 대답할 때 내용을 몇 가지 포인트로 정리하여 하나씩 차근차근 설명하는 것이 좋다. 짧은 시간 내에 내용을 완벽하게 정리하지 못했다면 대답하는 과정에서 내용을 보충해 나가자. 이렇게 답하면 내용이 완벽하지 않아도 사고방식이 뚜렷하고 논리적인 틀을 갖춘 사람으로 보인다.

◆ **의미 없는 말버릇을 자제하자**

비언어적인 요소에도 주의를 기울여야 한다. 이야기할 때 습관적인 몸짓을 하거나, 헛기침, 추임새 등을 하지 않는 것이 좋다.

말투와 이미지는 갈고 닦을수록 좋다

직접 대면한 사람을 판단하는 근거로 '7/38/55 법칙'이 있다. 자신을 말로 전달하는 과정에서 영향력을 행사하는 요소이다.

* 55%는 외모, 옷차림, 태도, 보디랭귀지, 표정과 같은 비언어
* 38%는 말하는 말투, 목소리의 표현 방식, 발음 등의 목소리
* 7%는 말의 내용

만약 38%의 말투에서 실점하면 소통의 효과가 크게 감소한다. 자신이 하는 말과 목소리에는 세 가지 정보가 담겨 있다. 성격, 정서, 분위기

가 그것이다. 목소리에는 상당히 큰 마력이 있어서 목표를 설정하고 맞는 방법으로 조절할 수 있다. 대화 환경에 맞춰 조정이 가능하며 자신이 원하는 대화의 환경을 조성할 수도 있다. 이로써 듣는 이는 자연스럽게 심리적 방어막을 허물며 경청하게 된다.

목소리 강약을 조절하라

모든 사람의 음역 범위는 적응력이 좋다. 수줍음이 많은 사람이 갑자기 큰 소리를 낸다거나 우렁찬 목소리를 가진 사람이 갑자기 볼륨을 낮춘다거나 하는 경우를 볼 수 있다. 대화 과정에서 소리의 울림과 볼륨은 그 힘과 강도가 적절해야 하고 다양하게 변할 수 있어야 한다. 당신이 면접관과 효과적인 소통을 하려면 자신의 성량 상한선과 하한선 사이에서 질문에 따라 가장 적절한 음량을 찾아내야 한다.

목소리의 음질에 신경 써라

목소리 음질은 당신의 발음에 중요한 역할을 한다. 목소리는 감정의 색채를 토로해내는 도구이다. 당신이 대답할 때 면접관에게 긍정적인 느낌을 줄 수 있어야 한다. 목소리에 함축된 에너지를 느껴야 당신의 영향력이 크게 증가할 수 있다.

당신의 목소리에 비음이 짙다거나, 호흡이 불안정하거나, 귀를 찌르는 쇳소리가 난다거나, 활력이 없다면 반드시 노력해서 그 부분을 바꿔야 한다. 당신의 목소리가 맑고 경쾌하며 감정의 색채가 풍부하게 들릴수록 면접관은 당신에게 굳건한 신뢰를 보낸다.

해야 할 말과
해서는 안 되는 말을 구분하자

지혜 있는 자는 분수에 맞게 말한다. 특히 면접에서는 해야 하는 말과 해서 안 되는 말을 구별해야 면접관에게 신뢰를 줄 수 있다. 말할 때 다음 몇 가지 사항을 주의하자.

자신의 주관과 긍정적인 면을 드러낸다

이전에 다녔던 직장에 대한 불평을 털어놓아서는 안 된다. 지금 지원한 기업을 높이고 기업의 환심을 사는 방법으로 말하지만, 면접관은 지원자의 태도를 오히려 부정적으로 평가한다. 자신이 이직한 이유를 객관적으로 설명하고 전 직장에 대한 고마움을 표하는 것이 낫다.

기업은 스스로 생각하고 자신의 견해를 가진 직원을 좋아한다. 그러므로 지원자는 자신의 주관을 드러내야 한다. 면접관의 모든 이야기에 호응하지 말고 맹목적으로 채용 기업을 과대평가해서도 안 된다. 자칫 진실하지 못한 이미지를 남길 수 있다.

겸손하고 차근하게 말한다

면접관과 의견이 일치하지 않을 때 논쟁으로 흐르면 안 된다. 예의 없는 인상을 남기고 분쟁을 일으키는 성격으로 낙인찍힌다. 만약 면접관의 의견에 동의하지 못하거든 이렇게 말하자.

"예. 면접관의 말씀도 일리가 있습니다. 이 점에서 면접관께서 저보다 경험이 풍부하시니까요. 그런데 저는 이런 상황을 경험해보았습니다. ……."

면접관과 직접적인 충돌을 피하는 동시에 자신의 관점을 표명하는 방법이다. 능력이 아무리 뛰어나도 자랑할 이유가 되지 못한다. 교만은 사람을 뒤처지게 하고, 겸손이 사람을 성장하도록 돕는다. 항상 겸손한 자세를 유지하자. 면접관들은 스펙, 전문성, 지식수준, 실무, 사회생활에 있어 경험이 풍부한 사람이다. 그런 사람들 앞에서 자신을 과시하는 것은 지혜롭지 못한 행동이다.

말은 되도록 객관적이어야 한다

면접에서 자신의 장점을 보여주는 것이 중요하지만 부족한 점을 완전히 부인해서도 안 된다. 완벽한 사람은 없다. 그러므로 자신의 단점이 드러날까 봐 두려워하지 말자. 부족한 점이 업무에 문제가 되지 않는 것을 객관적으로 증명하는 편이 낫다. 단, 여기서 말하는 객관성은 사실에 기반해야 한다.

어느 대기업에서 취업박람회를 열었다. 시작하자마자 지원자들이 밀려왔다. 그러나 면접관을 만족시킨 구직자가 많지 않았다. 이날 면접이 끝나갈 무렵 구직자 한 명이 들어섰다. 면접관은 하루 내내 계속된 일로 인해 많이 지쳐 있었기에 자기소개만 간단히 하게 했다.

"저는 키가 작지만 업무에 대한 의욕과 열정은 매우 높습니다. 저의 외모는 평범하지만 저의 능력은 절대 평범하지 않습니다."

구직자의 솔직하고 유머러스한 몇 마디가 면접관의 호기심을 불러일으켰다.

"대학 성적이 뛰어나지 않은데 지원자가 말한 자신의 능력과 모순되는 거 아닌가요?"

구직자는 잠시 생각하고 침착하게 대답했다.

"집안 경제 상황이 어려워서 대학 때 아르바이트를 여러 개 했습니다. 이와 동시에 학교 동아리에서 책임자도 맡게 되었습니다. 그로 인해 모든 시간을 공부에 쓰지 못한 건 사실입니다. 하지만 어떤 일에든 유익한 점과 폐단이 존재하는 것처럼 여러 활동이 학교에서는 배울 수 없는 능력을 가르쳐주었습니다. 그것이 바로 행동력과 리더십입니다. 학교 성적이 사람의 모든 면을 보여준다고는 생각지 않습니다. 저는 종합적인 능력에 자신이 있습니다. 귀사에서도 지원자의 전반적인 자질과 실력을 보실 거라 믿습니다."

면접관은 그의 대답에 매우 만족했지만 다시 물었다.

"저희 회사를 선택하게 된 이유는 뭔가요?"

"귀사가 현지에서 좋은 기업이라고 입소문이 나서 저는 오랫동안 귀사에서 취업하는 것을 목표로 삼아왔습니다. 채용 정보를 보고 귀사의 요구에 특히나 부합한다고 판단하여 자신 있게 지원하게 되었습니다."

"저희 회사에 지원한 사람이 많은데 당신을 채용해야 하는 이유가 있을까요?"

"오늘 면접에 참가한 지원자가 많고 우수하다는 것은 귀사가 뛰어나기 때문이라고 생각합니다. 그러나 저의 아르바이트와 인턴 경험으로 인해 저는 다른 지원자보다 귀사에 더 적합한 인재라고 생각하며 짧은 시간에 업무를 감당할 수 있을 거라 믿습니다."

면접관은 마지막 질문을 그에게 던졌다.

"당신이 기대하는 월급은 얼마입니까?"

"구체적인 요구는 없으나 귀사는 모든 직원의 업무 실적에 따라 합리적인 급여를 지급할 거라 믿습니다."

짐작하겠지만 이 구직자는 채용됐다. 면접에서 말재주와 교양을 충분히 보여주었기 때문이다. 그는 자신의 분수를 지키면서 부족함을 피하지 않고 업무를 감당할 능력으로 전환해 보여주었다.

함정이 보이면
돌아서 가야 한다

면접관들은 구직자의 여러 능력을 시험하려고 일부러 함정을 판다. 이러한 함정을 피하고 살아남기 위해서는 면접관이 만족하는 답변을 해야 한다. 물론 함정을 먼저 꿰뚫어볼 수 있어야 가능한 일이다. 각별히 조심해야 할 문제들을 살펴보자.

면접관이 공격적인 발언을 할 때

면접관은 이따금씩 날카롭고 공격적으로 불친절한 질문을 한다. 그 뒤 구직자를 격분시키고 심리적 방어선을 무너뜨려 대처하는 방법이나 대응하는 상황을 살핀다. 다음과 같은 질문이다.

"우리는 사회적 경험이 풍부한 사람을 찾고 있는데 당신은 관련 경험이 별로 없네요."

"지원자의 내성적인 성격은 저희 직업과 맞지 않는 거 같네요."

"저희는 명문 대학 출신인 지원자가 필요합니다."

"당신 전공은 지원한 업무와 맞지 않는 거 같은데요."

이런 말을 들었을 때 분노하거나 자신감을 잃을 필요가 없다. 답변을 미리 생각해두자.

"네. 저는 사회적 경험이 부족한 게 맞습니다. 하지만 저를 채용한다면 귀사에서 곧 경험이 풍부한 사람이 될 자신이 있습니다."

"내성적인 성격이 사교성에 있어 부족한 면은 있지만 일에 더 집중시켜주고 경청하게 해줄 수 있다고 생각합니다."

이렇게 자신의 부족함을 인정하고 회사에서 원하는 재능을 어필해 면접관에게 성실한 이미지를 주자.

면접관이 선택 딜레마를 던졌을 때

선택 딜레마의 특징은 어떤 대답도 상대를 만족시키지 못한다는 것이다. 이때는 '정답'을 찾는 것보다 면접관이 왜 이 질문을 했는지 생각하자.

"재무 관리자로서 사장님이 당신에게 일 년 동안 일억을 탈세하라고 요구하면 어떻게 하시겠습니까?"

이 질문은 업무능력을 고찰하는 것이 아니라 사업적 판단력과 상업윤리를 파악하기 위해서이다. 법을 준수하는 것은 기업뿐만 아니라 개인에게도 요구되는 사항이기 때문에 이렇게 대답할 수 있다.

"귀사와 같은 대기업은 법을 어기지 않을 것입니다. 혹여 저에게 그런 요구를 하셨다면 저는 사직할 수밖에 없습니다."

이 대답이 오히려 "회사에서 시키는 대로 하겠습니다."라고 대답하는 것보다 낫다. 취업에 절박한 인재를 시험하는 면접관의 의도가 실망스럽지만, 면접자는 성의를 다해 회사의 이미지를 실추시키지 않았다. 정직한 사람이라는 인상을 심어주기에 충분하며 신념이 있는 사람이라는 것을 보여준 것이다.

면접관의 질문이 답을 유도할 때

"당신의 학업 성적이 그리 뛰어나지 않은데 학습 능력을 어떻게 증명하실 건가요?"

이 질문에 공부가 너무 어려웠다고 답하면 돌이킬 수 없는 강을 건너게 된다. 이럴 때 대답은 정해져 있다.

"성적이 그 사람의 학습 능력을 모두 반영한다고 생각하지 않지만 그래도 제 전공과목 점수만큼은 상당히 높습니다. 의문이 있으시다면 즉석에서 저에게 전문 지식을 테스트해도 좋습니다."

이러한 대답은 책임을 회피하거나 자책하지 않으면서 자신에게 유리한 방향으로 질문을 돌려 면접관의 함정에서 벗어날 수 있다.

말이 많으면 반드시 실수한다

구직자는 면접관의 질문에 핵심을 짚어 대답해야 한다. 자신을 과시하기 위해 묻지 않은 자기성과를 내보이려 한다면 오히려 부작용을 낳는다. 또한, 기업 가치와 문화를 알지 못하는 상황에서 말을 지나치게 많이 하면 실수한다. 이에 대해 면접에서 말을 많이 하지 않아도 된다면 말재주를 키울 필요도 없는 것 아니냐고 반문할 수도 있다. 그렇지 않다. 말을 적게 하면서도 동시에 말을 잘해야 한다. 취업 과정에서 말을 간결하게 하는 방법을 알아보자.

간결한 자기소개를 준비하자

자기소개는 면접의 첫걸음이다. 자신의 경험과 능력을 간단히 설명하며 업무 경험과 관련해서 당신이 겪었던 문제와 이에 따른 조치, 문제가 해결된 최종 결과를 이야기할 수 있다. 구구절절한 설명보다 간결하고 강력한 소개가 좋다.

면접관이 제기한 질문에 신중하고 정확하게 대답하자. 면접관이 과거의 경력을 이야기해 달라고 요구할 때 어느 시기와 부분을 말해야 하는지 되물어야 한다. 이러한 반문이 면접관의 질문에 더욱 부합한 답을 하도록 도와준다.

의문을 적당히 제기하자

채용 기업은 구직자의 질문을 듣고 일에 대한 열정과 간절함을 판단하고 싶어 한다. 이때 어떤 질문을 해야 할지 모르거나 질문을 하지 않으면 회사와 일에 관심이 부족하다고 느낀다. 그러므로 구직자는 궁금한 사항을 적당히 질문해야 한다. 자신에게 기회가 왔을 때 주저하지 않고 질문하면 일의 대처능력을 보여주는 것이다. 질문을 통해 회사의 문화, 업무 내용이 당신에게 적합한지를 알 수 있다. 회사의 기대가 무엇인지, 직원 교육이 진행되는지 등과 같은 질문이 적절하다. 급여, 휴가 등 문제는 면접관이 언급하지 않았을 경우 구직자가 먼저 질문하는 것은 금물이다.

면접과 무관한 말을 하지 말자

구직자는 긴장한 상태에서 자신의 정보를 끊임없이 제공하며 장점을 어필한다. 그러나 면접관은 회사와 관련 없는 정보를 듣고 싶어 하지 않는다. 면접 과정에서 면접관의 몸짓을 잘 살피자. 면접관이 관련 이야기에 흥미를 보이지 않으면 이야기를 마무리하고 다음 질문을 기다리는 것이 좋다.

열의가 있는 몸짓을 보이자

면접을 보면서 몸을 뒤로 기대고 있거나 손을 계속 꼼지락거린다면 거만하거나 산만한 사람으로 보인다. 이에 비해 몸을 자연스럽게 살짝 앞으로 기울이면 면접에 열의를 나타낼 수 있다. "저는 준비된 사람입니다. 취업할 준비를 마치고 이 자리에 왔습니다."라는 표현이 된다. 면접관은 그런 당신에게 플러스 점수를 주게 되어 있다.

시선의 교류도 중요하다. 눈을 통해 전달하는 강렬한 의지를 표현할 수 있다. 눈을 부릅뜨고 덤비듯 쳐다보라는 말이 아니다. 눈에 힘을 주되 거부감 없이 자연스러워야 한다. 시선 교류는 억지로 하는 것이 아니라 자연스럽게 주고받는 것이다. 면접관을 눈을 똑바로 응시하는 것보다 입 주변이나 콧잔등을 보는 게 좋다. 그러다가 눈이 마주쳤을 때 눈빛을 빛내자.

고개를 끄덕이는 동작은 지금 잘 듣고 있으며 면접관의 말을 이해한다는 뜻이기도 하다. 질문이 길어지거나 면접관의 설명이 길어질 때 살짝 고개를 끄덕여주면 좋다. 면접관이 그런 당신을 볼 때 집중력 있는 사람으로 판단하게 된다.

면접은 잠깐의 대면으로 능력이나 자질, 인성을 평가받는 자리이다. 즉 말의 힘이 가장 잘 드러나는 곳이다. 그 자리에 임하는 것만으로도 자신의 목적이 드러난다. 그러므로 응답하는 과정에서 자신이 가진 말의 역량을 가감없이 드러내야 한다. 경솔한 표현이나 과장된 어휘는 공든 탑을 무너뜨린다. 어휘의 선택과 문장 구사에 진중해야 한다.

코너에 몰린다면
자신의 변호인이 돼라

면접관이 까다로운 질문을 던지면 당신은 시한폭탄을 받아 든 것처럼 정신이 혼미해질 것이다. 예상했던 질문이 아니거나 당신을 당황하게 만드는 질문은 여지없이 날아와 당신의 가장 급소를 찌른다. 어떻게 해야 할까? 이럴 때는 단호하게 자신을 변호해야 한다. 이 방법을 구사할 수 있다면 당신은 값을 헤아릴 수 없는 재산을 가진 것과 같다. 직면한 위기에서 탈출할 묘책이기 때문이다.

공격적으로 방어하고 반문하라

나쁜 의도를 가진 질문을 받으면 당신은 반문해야 한다.

"저에게 원하시는 대답이 있나요?"

이렇게 반문하면 질문자는 두 가지 반응을 보인다.

하나는 "저도 몰라요."라든가 "솔직한 대답을 듣고 싶지요."이다. 이는 당신의 반응을 보고 싶어서 한 질문이거나 당신의 순발력이나 임기응변 능력을 테스트하기 위한 질문이다.

다음 반응은 당신의 질문에 듣고 싶은 대답을 구체적으로 설명해주는 경우이다. 이때는 원래의 질문자가 너무 포괄적으로 질문했다고 깨닫거나 구체적인 제시가 없었다고 판단할 때는 다시 자세하게 질문해준다. 이 경우 당신은 거기에 맞춰 대답해주면 된다.

만약 "당신은 경력이 부족해서 이 일을 할 수 없어요."라고 면접관이 말한다면 당신은 머뭇거리지 말고 대답해야 한다. 경력이 많다고 둘러대라는 말이 아니다. 이는 자기방어로 변형되기 때문에 상대는 이어질 당신의 대답에 하나씩 시비를 건다. 그런 상황에 몰리지 않으려면 "얼마나 오래 일해야 경력이 있다고 말할 수 있나요?"라고 되물어야 한다. 면접관이 "3년 정도는 일해야지요."라고 한다면 당신은 "그럼 제가 일한 2년 6개월은 경력이 부족하다는 말씀이신가요?"라고 적극적으로 반문하자. 그러면 역으로 면접관이 자기변호를 하느라 급급하게 될 것이다.

또한, 면접관의 질문 의도를 분명하게 이해하지 못했다면 반문해도 괜찮다. 긴장된 상태에서 들은 질문에 정확한 답변을 하기 위한 태도이므로 면접관도 이해한다. 질문을 명확하게 이해하지 못한 채 다른 대답을 하는 것보다 현명하다. 물론 이렇게 반문하기란 쉽지만은 않다. 보통 "네?"라는 한마디로 대응하지만 이는 옳은 방법이 아니다.

"지금 질문해주신 내용이 ㅇㅇ 맞나요?"

"제가 ㅇㅇ에 대해 답변하면 되나요?"

"죄송하지만, 질문 중에 학교생활이라고 하셨는데 대학 생활에 집중해서 대답해도 될까요?"

이런 방식으로 질문이 구체화되어야 대답하기에 유리하다. 이는 적극적이고 능동적으로 답변하려는 노력으로 보인다. 만약 당신의 질문이 면접관의 질문 포인트에서 벗어난 것이라면 면접관은 질문을 다시 할 것이다.

"미안합니다. 학교생활 중 전공 외 봉사활동에 집중해서 말씀해주십시오."

이로써 당신은 면접관의 요구 사항을 분명하게 알고 대답하게 된다.

이 방법의 좋은 점은 어려운 질문을 던진 사람은 자신의 전제가 정확한지 계속 설명해야 하고 다른 사람의 눈에 그가 융통성이 없고 미련해 보인다는 사실이다. 당신의 주장이나 생각이 어떤 것이든 구체적이고 미세한 세부 사항까지 변호하려 들면 당신은 매우 미련해보일 수밖에 없다. 그래서 당신이 난처한 질문을 받았을 때는 방어만 하거나 상대가 설계한 조건에서 논쟁하지 말고 왜 이런 질문을 하는지 그가 설명하도록 반문하라.

대화는 서로의 사상의 교류이자 나아가 말하기와 지혜가 융화된
깊은 의미가 있는 표현이다. 많은 사람이 걱정하는 것처럼
자신의 단점을 드러내게 하는 것이 아니다.

하버드대학 예학 전문가 에밀리 포스트

두 사람이 눈을 마주쳤을 때, 큰 소리로 "좋은 아침!"이라고 건네는 인사말은
겉보기엔 별 의미가 없어 보이지만, 서로에게 모두 편안한 느낌을 가져다줄 수 있다.

인간관계 소통전문가 나카시마 아오코